JÁ TE DISSE ADEUS, E AGORA, COMO TE ESQUEÇO?

UM GUIA PARA TIRAR O EX DA CABEÇA E DO CORAÇÃO

Livros do autor publicados pela **L&PM** EDITORES

Ame e não sofra
Amores de alto risco
A arte de ser flexível
Desapegue-se!
O direito de dizer não!
Já te disse adeus, e agora, como te esqueço?
Maravilhosamente imperfeito, escandalosamente feliz
O que toda mulher deve saber sobre os homens

WALTER RISO

JÁ TE DISSE ADEUS, E AGORA, COMO TE ESQUEÇO?

UM GUIA PARA TIRAR O EX DA CABEÇA E DO CORAÇÃO

Tradução de Célia Regina Rodrigues de Lima

www.lpm.com.br

L&PM POCKET

Coleção **L&PM** POCKET, vol. 1356

Texto de acordo com a nova ortografia
Título original: *Ya te dije adiós, ahora cómo te olvido: una guía para sacarse al ex de la cabeza y el corazón*

Este livro foi publicado em formato 14x21cm, pela L&PM Editores, em 2018
Primeira edição na Coleção **L&PM** POCKET: fevereiro de 2023
Esta reimpressão: janeiro 2024

Tradução: Célia Regina Rodrigues de Lima
Capa: L&PM Editores
Preparação: Patrícia Yurgel
Revisão: Lia Cremonese

CIP-Brasil. Catalogação na publicação
Sindicato Nacional dos Editores de Livros, RJ

R48j

Riso, Walter, 1951-
Já te disse adeus, e agora, como te esqueço?: um guia para tirar o ex da cabeça e do coração / Walter Riso; tradução Célia Regina Rodrigues de Lima. – Porto Alegre [RS]: L&PM, 2022.
192 p.; 18 cm. (L&PM POCKET, v. 1356)

Tradução de: *Ya te dije adiós, ahora cómo te olvido: una guía para sacarse al ex de la cabeza y el corazón*
ISBN 978-65-5666-345-6

1. Técnicas de autoajuda. 2. Separação (Psicologia). I. Lima, Célia Regina Rodrigues de. II. Título. III. Série.

22-81485   CDD: 158.1
                     CDU: 159.923.2

Gabriela Faray Ferreira Lopes - Bibliotecária - CRB-7/6643

© Walter Riso
c/o Schavelzon Graham Agencia Literaria
www.schavelzongraham.com
2016, Bogotá, Colômbia

Todos os direitos desta edição reservados a L&PM Editores
Rua Comendador Coruja, 314, loja 9 – Floresta – 90.220-180
Porto Alegre – RS – Brasil / Fone: 51.3225.5777

PEDIDOS & DEPTO. COMERCIAL: vendas@lpm.com.br
FALE CONOSCO: info@lpm.com.br
www.lpm.com.br

Impresso no Brasil
Verão de 2024

É tão curto o amor e tão longo o esquecimento.
PABLO NERUDA

ÍNDICE

Introdução 13

CAPÍTULO 1: "Isso não pode estar acontecendo comigo" 19
A confusão inicial e a importância de um plano B 21
Perguntas inevitáveis 25
"Como não percebi que meu parceiro estava se afastando?" 26
"Até onde sou culpado pelo que aconteceu?" 28
"Quem sabe ele se arrepende e volta para mim?" 30

CAPÍTULO 2: Seguindo o rastro do ex desesperadamente 35
Desejo e perseguição 37
Coisas que você não deve fazer para "recuperar" seu ex-parceiro se quiser manter a sanidade e não alimentar uma esperança inútil 40
Conseguir informações do ex por meio dos amigos comuns ou parentes 40
Persegui-lo ou persegui-la 42
Recorrer a bruxos e videntes 44
Forjar encontros "fortuitos" com ele ou com ela 45
Ligar para "dizer oi" ou para se justificar: "O celular ligou sozinho" 47
Perguntar sobre a nova relação do ex ou sobre suas atividades com o sexo oposto 48
Devolver as coisas do outro "pessoalmente" 49
Entrar no Facebook e explorar exaustivamente a página dele 50

*Usar as senhas pessoais do ex para acessar
o correio eletrônico dele*..52
Pedir favores ao ex ou ajuda em alguma área..........52

CAPÍTULO 3: A dignidade acima de tudo................55
O autorrespeito acima do amor 57
A luta contra a indignidade..58
A humilhação radical..62
Algumas consequências negativas de se
humilhar por amor...64

CAPÍTULO 4: "Eu só penso em você"........................67
Quando o ex ocupa todo o espaço da mente 69
Três padrões obsessivos que prendem você ao ex 71
Enxurrada de imagens: a invasão do outro 71
Correlações amorosas: "Tudo me lembra você" 72
O pensamento nostálgico: "Que fim levou você?" ...74
Como combater os pensamentos obsessivos
que o afligem..76
Distração 76
A técnica do "stop!"..77
Tela de cinema em branco..80
*Evitar atividades que o façam recordar
o ex de maneira intensa e persistente*.....................80

**CAPÍTULO 5: Veja as coisas como elas são:
tire a venda dos olhos**...83
O principal equívoco nas relações afetivas:
ver amor onde não há 85
*Ilusão confirmatória: "Sei que você me ama,
embora não perceba"*..87
*Inferência arbitrária: "Ele não me odeia,
portanto gosta de mim"* 88

Leitura da mente: "Penso que você está pensando o que eu penso" 89
Amor *post mortem*: o bom, o mau e o abominável de sua ex-relação 90
O caso do "ótimo marido" 92

CAPÍTULO 6: Afaste-se dos amigos tóxicos! 99
Exemplos de amizades tóxicas que podem interferir em seu luto 101
- *Os que falam o tempo todo do ex-parceiro* 102
- *Os que tomam partido do ex* 102
- *Os que adoram criticar você* 103
- *Os que gostam de falar como é difícil sentir saudade* 103
- *Os que defendem que a separação é uma coisa horrível* 104
- *Os que só entendem o que você fala se explicar mil vezes* 104
- *Os que são indiferentes ao seu sofrimento* 105

CAPÍTULO 7: Encare racionalmente a vontade de voltar 107
O que o leva a pensar que seu ex mudou? 109
Quanto você mudou depois da separação? 110
Você ainda ama realmente seu ex? 112
Você tem a paciência necessária para recomeçar?....113

CAPÍTULO 8: Cuidado com as relações insalubres depois do rompimento 115
A vulnerabilidade após a separação 117
Se você se envolver com amigos ou amigas do seu ex, será pior 118
Durante o luto, os amores antigos só criam mais confusão 119

CAPÍTULO 9: Autocontrole, suor e lágrimas: aprenda a resistir 123

A convicção da ruptura: lute contra o impulso de estar com o ex 125

Confie em sua capacidade 126

Resistência, resistência, resistência 127

Ponha em prática a "evitação saudável" 128

Desacelere o pensamento e crie um diálogo interior 129

Modelagem encoberta e ensaio mental 131

CAPÍTULO 10: Procure um "eu auxiliar" para apoiá-lo 133

Um ser querido que o mantenha conectado com a terra 135

Embora você não acredite, sempre haverá alguém que o ame 138

CAPÍTULO 11: É proibido castigar-se! 141

O cuidado psicológico 143

As atitudes negativas que você deve evitar para não se magoar 144

"Não mereço ser feliz" 144

"Sou um mau parceiro" 148

"Não sou uma pessoa normal, pois me separei" 150

CAPÍTULO 12: Crie seu próprio ritual de despedida 153

A cerimônia do adeus 155

Vade-mécum de rituais personalizados 157

Cartas e poemas sem destinatário 157

A estratégia do serralheiro 158

Crematórios leigos 158

Festas de despedida 159

Ritual de purificação 161
As "inundações" ou implosões emocionais 161
Rituais pela internet: "feitiços informáticos" 162

CAPÍTULO 13: Ofereça-se um presente, relaxe, medite e cuide do corpo 163
Presenteie-se descaradamente 165
Relaxe ou medite tanto quanto puder 167
Mantenha o corpo saudável 168

CAPÍTULO 14: Assuma o controle de sua vida e reinvente-se 171
Crie um novo projeto de vida pessoal 173
A vida continua: procure, explore, surpreenda-se ... 175
Crescimento pós-traumático 177
   Diante de si próprio 178
   Diante dos outros 178
   Diante de sua filosofia de vida 179
O perdão como liberação pessoal 180
   Alguns caminhos para chegar ao perdão 183
O coração não se aposenta 185

Epílogo 188

Bibliografia 190

Introdução

Existem relações afetivas e pessoas que nos marcam a fogo, como se tivessem sido incrustadas no nosso DNA e na essência que nos define. Quando isso ocorre, não só vivemos *com* elas, mas também *por* elas, o que dificulta qualquer rompimento. A ideia de perdê-las cria um vazio angustiante e devastador. Nesses casos, o indivíduo que se separa ou que é abandonado pelo companheiro ou companheira se sente perdido num labirinto de sofrimento e desespero.

Como superar a ausência de quem foi vital para a nossa vida amorosa? Porque não se trata de esquecer, literalmente, quem amamos um dia ou continuamos a amar, nem de ignorar sua existência ou apagar a história de um vínculo que mantivemos. Se tivermos um luto afetivo "bem resolvido", seremos capazes de lembrar da pessoa sem tristeza, sem amor nem ressentimentos. Não é uma amnésia profunda, é uma transformação e um esmorecimento dos sentimentos que o atavam ao seu parceiro ou parceira: "extinção do afeto" ou, se quiser, um tipo de "esquecimento emocional". Se você chegou à conclusão de que "não sente nada" por seu ex, é porque o afeto se esvaiu, você se libertou. Seu corpo não reconhece mais aquilo que sentiu no passado ou recorda a duras penas, mas essa "lembrança" é basicamente cognitiva, e não emocional. Desse ponto de vista, quando se trata de amor, dizer "eu o esqueci" é o mesmo que dizer "não o amo mais" ou "não sinto mais sua falta".

Em outras palavras, aceitar uma perda significa desvincular-se, desligar-se ou desapegar-se da pessoa que não está mais ao seu lado, o que não implica odiá-la ou desejar-lhe mal, porque isso também é uma forma de submissão. O ódio pode nos aprisionar tanto quanto um amor intenso. O ideal é conseguir uma "serenidade afetiva" ou, se possível, uma amizade, como acontece com certos casais que terminam a relação cordialmente e de comum acordo. No entanto, essa "neutralidade sentimental" é mais difícil de desenvolver quando há violação aos direitos pessoais e maus-tratos físicos ou psicológicos; mesmo assim, a experiência terapêutica mostra que é possível se distanciar emocionalmente de quem foi sua cara-metade, por pior que tenha sido, e parar de se lamentar. Embora pareça impossível, o sofrimento vai se evaporar como o aroma de um perfume que você deixou de usar.

Os lutos afetivos apresentam uma diferença fundamental dos lutos em que a pessoa ausente teve morte física. Nos primeiros, o ex-parceiro continua vivo, e a mente, por um tempo (às vezes curto, às vezes longo), pode alimentar a esperança de retomar aquilo que já acabou. É como se dissesse: "O amor está na UTI, mas ainda respira". Essa pontinha de ilusão, que se instala mesmo quando o desamor do ex é evidente e definitivo, muitas vezes dificulta a *resignação* – "Não há mais nada a fazer" – ou a *aceitação* da situação – "Preciso ver as coisas como são e encarar a nova realidade". Há uma fresta, uma luz, um pequeno anseio que nos murmura: "Pode ser que reatemos e que tudo volte a ser como antes". Aí entra a teimosia daqueles que não se dão por vencidos e vivem esperando o milagre de uma ressurreição amorosa.

No entanto, nem toda ruptura é dramática. Se o seu companheiro andava indiferente e arranjou um novo amor, talvez você sofra no começo (uma dor irracional e inexplicável), mas, se processar bem a informação, acabará agradecendo à divina providência que ele tenha se afastado da sua vida. Por outro lado, a perda afetiva repentina em uma relação que era boa ou muito boa pode se converter em um *tsunami* emocional. Uma paciente me dizia: "Algumas horas atrás estávamos juntos e tudo ia bem até ele me dizer que pretendia sair de casa. Assim, do nada, de um dia para o outro, acordei sozinha na cama, sem o homem que eu amava. E hoje, depois de quase dois anos, ainda não sei o que aconteceu". Essa descrição se repete em uma infinidade de casos e tem como fator-surpresa dois sentimentos que se mesclam: o desamparo e a decepção. No entanto, minha paciente se enganava em algo: nem tudo "ia bem". Ninguém descobre de repente que não ama o parceiro e decide ir embora. O desamor vai sendo tecido aos poucos e não passa despercebido por quem o sente – nesse caso, o marido dela. Recapitulemos. *Desamparo*: porque a orfandade emocional é dolorosa demais. *Decepção*: porque a pessoa acha que o seu grande amor deveria ter-lhe avisado quando ficou indiferente a ela. Então, a mente, que é sempre tagarela, começa a repetir, como um martelinho que perfura o cérebro e o coração: "Por que ele não me contou antes, para podermos consertar o que estava errado?", "Por que não se importou com meu sofrimento?" ou "Por que não lutou pela relação?".

No entanto, é claro que nem todas as perdas são processadas da mesma forma. Algumas variáveis, como a personalidade, a autoconfiança, o histórico afetivo do parceiro ou o sistema de valores, podem facilitar ou dificultar a tolerância e a elaboração da angústia.

Contudo, pesquisas demonstram que o luto é determinado por algumas etapas mais ou menos gerais. No caso concreto do luto "afetivo", e segundo minha experiência clínica, é possível considerar alguns estados inconstantes, que às vezes se sobrepõem e também se diferenciam em tempo e intensidade. Sem pretender estabelecer um marco de referência rígido, poderíamos definir sete momentos: perplexidade/negação, anseio/recuperação, busca por explicações, raiva/indignação, culpa/humilhação, desespero/depressão e recuperação/aceitação. É bom ressaltar que nem todos os queixosos seguem necessariamente esses passos. Há pacientes que misturam alguns ou pulam outros, mas os elementos que mencionei costumam estar presentes de uma forma ou de outra.

O que fazer, então? Você entenderá no decorrer de cada capítulo deste livro: é preciso batalhar. Com relutância, na marra, com as unhas, como quiser, mas não há outra opção. Você pode reclamar da sua *falta de sorte*, lamentar a saudade que sente "injustamente", sentir-se vítima e se autocompadecer. Ou, o contrário, pode erguer a cabeça e colocar um pouco de racionalidade em seu coração transtornado.

Analise as considerações a seguir. Reflita sobre elas com cada átomo do seu corpo, lá no fundo do seu ser:

- Se a pessoa abandonou você, se partiu assim como um sopro, sem se importar com seu sofrimento, se deixou você de lado com tanta facilidade, sem valorizar tudo o que você lhe deu, se decidiu abrir mão de sua presença, será – é apenas uma hipótese – que ela merece você?
- E, se ela o deixou porque não o ama mais, porque os beijos se esgotaram e até a mais simples carícia

se tornou uma tortura, não será – é apenas uma hipótese – porque, de fato, já não o ama?
- E, se ela foi cruel ou o amor acabou, será que vale a pena querer consertar o que já está definido? Não seria melhor cortar os laços, finalizar o capítulo e construir um novo projeto de vida?

Este livro é um guia prático para ajudar aqueles que precisam superar uma perda afetiva e sobreviver dignamente. Reúno aqui um pacote de estratégias que são muito eficientes para acompanhar ou facilitar o processo de perda e torná-lo mais suportável, respeitando, é claro, seu desenvolvimento natural. Assim, também pretendo evitar que a pessoa afetada mergulhe em um luto complicado.

Embora este guia não elimine necessariamente seu sofrimento durante o processo de recuperação, pode ensiná-lo a ser mais compreensivo e tolerante, transformando a dor numa experiência útil. Além disso, talvez o trauma que hoje o consome lhe traga, em compensação, um *crescimento pós-traumático*, a partir do qual você desenvolverá sua potencialidade como nunca fizera antes.

A questão é a seguinte: se você conseguir se desligar do seu ex (ou de qualquer amor impossível que ronde sua vida) de maneira adequada, poderá se reinventar como quiser. O tempo ajuda, com certeza, mas é necessário ajudar-se também. Sem pressa, mas sempre avançando e respeitando seu ritmo interior. Tudo depende de você e de mais ninguém. Se tomar a firme decisão de livrar-se de uma vez por todas dos vínculos afetivos que o impedem de crescer, ficará surpreso com o resultado. Com sua força interior, será capaz de dar um adeus definitivo e categórico a seus fantasmas.

CAPÍTULO 1

"Isso não pode estar acontecendo comigo"

> *A corda cortada pode voltar a ser amarrada, mas está cortada. Talvez tornemos a nos encontrar, mas não estarei mais no lugar onde nos separamos.*
>
> Bertolt Brecht

A CONFUSÃO INICIAL E
A IMPORTÂNCIA DE UM PLANO B

"Pensei que meu casamento fosse para sempre", disse-me uma jovem, devastada emocionalmente. Seu sentimento de culpa só contribuía para aumentar a depressão. Ela ficava repetindo sem parar: "Como não percebi?! Deveria ter feito alguma coisa para salvar a relação!". Na verdade, havia tentado, mas seu marido era um grosseirão incorrigível e resistente a mudanças. Certa vez, o homem me confessou: "Não suporto minha mulher, só de vê-la fico irritado". Mesmo assim, ela vivia um conflito torturante e irracional: por um lado, esperava que ele se transformasse numa pessoa pacífica e amorosa; por outro, achava que não era justa a maneira como ele a tratava. Seu turbilhão mental se revelou em uma de suas afirmações: "Eu o amo e o odeio ao mesmo tempo, não sei o que fazer!". A mente e o coração ficam acelerados, e a alma em brasa: *esperar o impossível, lamentar o que poderia ter sido e não foi*. Algumas vítimas da desilusão dizem que é como se estivessem se vendo num filme. Alheias ao próprio eu, sentem que a vida se torna cada vez mais irreal.

Se você está vivendo a experiência de uma perda ou já passou por ela, sabe muito bem do que estou falando: sabe como é difícil esse período estressante que consome nossa energia vital. Para completar, sempre aparece alguém querendo lhe dar ânimo da maneira mais idiota: "Não se preocupe, logo vai passar!". Então você pensa: "Sim, mas quando? Não vejo a hora de isso acabar". Você tem sintomas que não consegue decifrar, e tudo se revolve em seu interior.

Contudo, se o rompimento afetivo é um fato, não se iluda. Não é um sonho, é a mais pura realidade. Você já sabe a verdade e a está vivendo na própria carne: *as pessoas podem deixar de amar você e renunciar a você; não existe amor eterno.* Às vezes, o desamor surge de uma hora para outra e causa estragos, porque ninguém tem a "obrigação" de amar alguém, mesmo que isso fira a pessoa profundamente. Seja como for, eu lhe garanto que sairá dessa. O fato de estar lendo este livro ou outros já é um começo. O luto dura apenas um período, não é para sempre, e no fim você provavelmente reconhecerá que tudo foi uma grande bobagem. Como aconteceu com outros amores do passado que hoje, na melhor das hipóteses, você recorda com um lampejo de carinho. Faça o teste e responda: o que sente hoje ao pensar num ex da adolescência? Nem um pouco de taquicardia, não é verdade? Nem as cinzas sobraram.

Há milhões de pessoas no mundo que sofrem grandes perdas afetivas e depois recuperam a fala, os sonhos e a esperança. Contudo, é preciso percorrer um caminho de reestruturação mental e emocional e resgatar "das entranhas" a capacidade de amar. Você ganhará uma nova identidade, um novo "eu", já que ninguém permanece o mesmo depois de uma separação. Então não será mais "parceiro de", "companheiro de"; será livre, jogando fora a saudade, refazendo-se, reavaliando-se, mesmo que para isso dependa de cuidados intensivos.

Talvez você se pergunte: "Por que eu?". A resposta é simples: "Porque isso faz parte do jogo do amor, do risco natural das coisas imprevisíveis". Talvez você imaginasse que seu amor era especial e abençoado por alguma força cósmica, mas não é verdade. Tudo flui, tudo muda constantemente, até mesmo nossa maneira de ser e de nos relacionarmos. Não existe nenhum desígnio oculto que torne alguém imune às dores de amor. Isso pode ocorrer com qualquer pessoa.

Um paciente me dizia: "Vivo por inércia. Ando mecanicamente, como um zumbi. Ela era tudo para mim, era minha consciência, a razão da minha vida". Ou seja, era o seu ser. Como pode alguém chegar a representar "tudo para o outro" e anular o mundo? O que causa uma atitude dessas? Será um problema de cálculo? De ter confiado demais no amor? Ou uma lavagem cerebral que acabou destruindo milhões de neurônios? Reflita comigo: se o seu parceiro é tudo para você, você será apenas um reflexo da pessoa que ama. Seu par é, ou foi, uma referência afetiva, mas não pode ser o último e único significado de sua existência. Meu paciente reduziu sua experiência vital à pessoa amada porque se entregou além do limite e agora vivia perambulando como uma alma penada, sem motivação interior, sem saber para onde ir. A "condutora" de sua vida, sua "guia existencial", o abandonara, e ele não tinha um plano B. Mas no amor sempre é preciso ter um. Chegara o momento de retomar o controle, dirigir a si mesmo, porém ele não conseguia. Eu lhe pergunto agora: você tem controle de sua pessoa, se seu amor o rejeitar?

Se por acaso você está em situação semelhante e seu companheiro ou companheira se transformou numa espécie de regente que controla seus passos e sua felicidade, é bom reprogramar sua vida. O que é um plano

B? É estar preparado para continuar vivendo intensamente, caso o outro lhe dê o fora. Montar um kit com pelo menos cinco estratégias para enfrentar o problema, buscando criar um novo estilo de vida (durante a leitura do livro você poderá elaborar um pacote personalizado de competências para lidar com essa fase difícil da perda):

1. Ser capaz de encarar a saudade e se beneficiar dela.
2. Aprender a perder e a entender que há coisas que fogem do nosso controle.
3. Fortalecer a independência e a autonomia.
4. Desenvolver um espírito de aventura e audácia.
5. Adquirir um interesse vital arrebatador que dê sentido à sua vida (paixão, desejo ou entusiasmo por uma causa).

Com essas habilidades, será muito mais fácil você superar qualquer desilusão amorosa, diminuindo o sofrimento e evitando aquelas situações em que se mendiga afeto. É bom lembrar que ninguém consegue pressentir um rompimento afetivo. No entanto, a experiência mostra que é melhor se precaver e procurar ser realista para não ser pego de surpresa. Não estou sugerindo que você seja um pessimista inveterado, mas sim que cultive uma atitude preventiva.

Em geral, fala-se da importância de ter um relacionamento, de salvar o casamento, de amar o outro acima de qualquer coisa, mas ninguém nos alerta sobre a possibilidade de um colapso amoroso. Todos nós precisamos de um manual de primeiros socorros para aprender a ser um "bom náufrago" do amor, se a situação demandar. Os sacerdotes e os tabeliães deveriam exigir esse kit de salvamento antes de realizar um casamento: "Bom, sei que vocês se amam e querem ficar juntos, mas agora me digam como pretendem sobreviver se por acaso se separarem (tomara que isso não aconteça). Estão conscientes de que isso pode acontecer?". Conheci uma pessoa muito religiosa que dizia: "Deus se encarregará de nos manter juntos". Ao que eu respondi: "Isso não basta. Deus lhe dá o papel e a tinta, mas é você quem escreve seu futuro. Ele abençoa seu casamento, mas quem o comanda é você".

Perguntas inevitáveis

Imagine que você é um combatente que volta da guerra e, em plena crise existencial, começa a se perguntar coisas como: "Será que vou conseguir viver neste mundo?", "Quem sou eu, na verdade?", "Qual é o sentido de tudo isso?", "O que me espera?". Enfim, está com o barco à deriva e totalmente desorientado. Os combatentes do amor que sofrem uma desilusão afetiva, da mesma forma que alguns soldados que retornam da guerra, mostram certa decepção com a natureza humana. Sua mente é tomada por uma desilusão básica e radical. Uma paciente me dizia: "Meu marido me trocou por outra. Não acredito mais em nada nem em ninguém". Taxativa e categórica. As vítimas de um rompimento amoroso desenvolvem inevitavelmente uma depreciação pelo gênero humano. É a depressão que surge e que deve ser combatida para não criar raízes. Embora pareça difícil de acreditar, nem todos os homens nem todas as mulheres do mundo são "igualmente perversos". Muitos são pessoas maravilhosas que dariam a vida para encontrar um amor sincero e saudável. Portanto, não tire conclusões precipitadas. Precisamos aprender a separar o tóxico do saudável, a discernir sem generalizar e sem julgar apressadamente.

Embora sejam muitas as perguntas que nos fazemos durante o luto afetivo, destacarei três entre as mais frequentes e que podem nos prejudicar se não as eliminarmos: "Como não percebi que meu amor estava se afastando?", "Até onde sou culpado pelo que aconteceu?" e "Quem sabe ele se arrepende e volta para mim?". Quando um relacionamento se rompe, é natural que a mente queira entender o que ocorreu e encontrar um significado para o sofrimento. A seguir, analisemos três questões a que você deve responder se quiser ter sossego.

"Como não percebi que meu parceiro estava se afastando?"

A maioria das pessoas não se dá conta da desafeição do outro até que o fato esteja consumado. Não é tão fácil assumi-la no momento oportuno porque tendemos a minimizar e a subestimar os distanciamentos afetivos do parceiro, e o que em geral acontece é que, quando sentimos sua indiferença profunda, já é tarde, e a situação é irremediável. É comum empregarmos uma estratégia de evitação defensiva: achamos que os altos e baixos são passageiros, que o amor nunca está em jogo, e nos acomodamos. O medo da perda nos rouba forças, atenção e vigilância, tornando-nos lentos e inseguros.

Vejamos duas possíveis respostas racionais à pergunta apresentada acima:

- Talvez (é só uma possibilidade) seu parceiro seja um grande dissimulador e, mesmo não sentindo mais amor, continuava se mostrando um grande amante. Como você poderia perceber? Geralmente, ninguém deixa de amar de um dia para outro. Ninguém se levanta de manhã e diz:

"Que estranho, ontem eu o amava e hoje não o amo mais". O desamor é um processo que emite sinais, e estes deveriam aparecer, a menos que se procure encobri-los. Alguns indicadores de falta de amor são frieza sexual, distanciamento afetivo, desinteresse, silêncios inexplicáveis, tédio, falta de comunicação e discussões frequentes. Entretanto, volto a frisar, se nada disso está evidente e sua cara-metade o abandonou de repente, algo não funcionou bem em matéria de comunicação.

- Há pessoas que vivem na indiferença cotidiana há bastante tempo e, por obra e graça da rotina, acham que sua relação "é normal". A ausência de afeto torna-se corriqueira, e o casal se acostuma a isso. Se esse é o seu caso, é natural que não tenha "percebido a falta de amor", porque já estava mergulhado nela até a cabeça. Uma paciente que vivia num casamento "indiferente" me disse certa vez: "Não entendo o que aconteceu... Tudo ia tão bem. Esse era nosso estilo, nosso modo de 'amar'...". Eles brincavam com fogo: o "amor indiferente" é um contrassenso sem pé nem cabeça. O oposto do amor não é o ódio (ambos atraem, um para o bem, outro para o mal), mas sim a apatia e a indiferença pelo companheiro.

Reflita sobre o texto a seguir e tire suas conclusões:

> Como podemos ver, existem respostas razoáveis para a questão "Como não percebi que meu amor estava se afastando?". É importante considerar que nem sempre conseguimos detectar o desamor, e, embora o fato de conhecer as possíveis argumentações que vimos não vá ressuscitar

> a relação, você sentirá um grande alívio se eliminar a interrogação da cabeça ou resolvê-la. Responda-a como quiser ou livre-se dela, mas não fique remoendo-a como se procurasse a solução de um teorema. Não a deixe flutuando no ar. Recapitulemos as possibilidades esboçadas: ou seu parceiro disfarçou seu desinteresse ou foi você que se acostumou à indiferença. As causas podem ser várias, mas insisto: se sua dúvida quanto ao motivo da perda se tornar obsessiva, prejudicará a evolução natural do seu luto.

"Até onde sou culpado pelo que aconteceu?"

Os psicólogos afirmam que, quando uma relação amorosa não vai bem, a culpa é de ambos, seja por abuso, seja por omissão de uma das partes, mas os dois são responsáveis pelo fracasso. Em minha opinião, essa afirmação carece de um ajuste, já que nem todas as culpas são divididas meio a meio. Há casos em que atribuir a culpa aos dois seria, além de difícil, injusto, uma vez que um dos membros acaba sendo vítima do outro. Lembro-me de uma mulher casada com um homem bastante infiel, cuja relação tinha uma particularidade: as infidelidades eram cometidas com tanta naturalidade e dissimulação que era praticamente impossível descobri-las. A senhora em questão tinha um alto cargo numa empresa, era excelente dona de casa, amava profundamente o marido e confiava nele ao extremo. Aparentemente, tudo funcionava muito bem. O homem, no entanto, aproveitando-se da confiança que a mulher depositava nele, arranjava amantes de todo tipo, usando um álibi difícil de desarmar: em casa, era o melhor esposo do mundo. Seu lema era o seguinte: "Quanto mais infiel você for à sua mulher, melhor marido deve ser". Como ela podia suspeitar? Que culpa tinha essa senhora de o esposo sofrer de "infidelidade crônica"? Quando ela descobriu as traições, decidiu deixá-lo a duras penas. Seu luto foi complicado, porque continuava amando a parte boa do homem. Amava o Dr. Jekyll, mas não o Mr. Hyde. Nunca reatou com ele.

Não é lógico nem saudável aceitar uma culpa ou responsabilidade que não nos diz respeito. Um paciente, depois de ler um manual de autoajuda para casais, confessou: "Minha mulher me deixou com a maior indiferença e frieza, sem dar nenhuma importância aos anos que passamos juntos, simplesmente porque já não me ama, porque se cansou de mim e não lhe sirvo mais. Fui um bom marido e a amei de verdade. E esse livro quer me convencer agora de que, além de suportar a dor, devo me sentir culpado! Eu me recuso a assumir qualquer responsabilidade nessa separação". Essa é uma opinião a considerar, sem dúvida. Há pessoas que, quando dizem ao outro que não o amam mais, aproveitam para lavar as mãos: "Estou indo embora porque não o amo e a culpa é sua!". Duplo golpe! Como diz o ditado, isso é "remexer na ferida". Em uma consulta, um homem disse à esposa: "Não a amo mais e vou deixá-la. E o único motivo é que você não estava à altura do relacionamento". A mulher não parava de chorar. Quando ficamos a sós, ela me disse que se sentia "responsável" pelo rompimento. Havia acreditado no que o homem dissera e só ficava repetindo: "Não estava à altura, não estava à altura!". Nunca descobrimos o que significava "estar à altura", mas essa frase a acompanhou por quase um ano, martirizando-a o tempo todo. É muito fácil despejar o lixo no outro e criar "vítimas culpáveis"!

Leia com atenção o texto a seguir:

> Para não cair numa prostração irracional, analise com cuidado até onde se sente responsável pela separação. Reflita bem e profundamente. Quando chegar a uma conclusão clara, assuma sua parte de culpa. Simplesmente assuma a parte que lhe diz respeito de forma justa e razoável. Então diga a si mesmo frases como: "Eu poderia ter agido melhor", ou ainda: "Da próxima vez tentarei ser melhor", mas não se castigue demais com isso. Esclareça à sua autoestima que você não é um "monstro afetivo". É verdade, mas tampouco é um modelo de virtudes. E daí? Não precisa se submeter a um haraquiri amoroso. Antes de tudo, mantenha a cabeça fria e o autorrespeito. E, se quiser recorrer a um pouco de narcisismo, pode pensar: "Não importa! Ele não sabe o que está perdendo!". Não estou sugerindo que você adote uma autocomplacência egocêntrica, mas sim uma valorização sensata. Responda à pergunta "Até onde sou culpado pelo que aconteceu?" com a maior sinceridade possível e enfrente as consequências (repare o erro, peça desculpas, assuma-o ou esqueça-o, se não for importante), mas sem se lastimar inutilmente. De nada adianta perdoar o comportamento do outro e engrandecer seus "maus atos".

"Quem sabe ele se arrepende e volta para mim?"

É possível, sempre é possível: o que não sabemos é se vale a pena. Quando você se faz essa pergunta, espera uma resposta afirmativa, não é? Uma luz no fim do túnel e manter viva a ilusão de que tudo voltará a ser como no início. O que você deseja é se agarrar à esperança de uma ressurreição afetiva que afaste seu sofrimento e resgate "o que existia antes". Agora eu lhe sugiro que pare um pouco e reflita sobre o que é exatamente "o que existia antes". Analise a questão com cuidado, por favor. "O que existia antes" era bom? Era maravilhoso? Proporcionava-lhe crescimento pessoal? Você vivia triste ou alegremente? Pense bem e responda: voltaria atrás *com tranquilidade*, sabendo o que sabe agora sobre o relacionamento? Então raciocine comigo: se ele se arrependesse, que segurança você teria de que não haveria nova crise? Eu, pessoalmente, tenho medo do "arrependimento" dos ex, porque, cedo ou tarde, muitos recaem no conflito amoroso. Além disso, ele estaria arrependido de quê? De ter deixado de amar você?

Lembre-se de que ninguém pode trair ou deixar de amar a seu bel-prazer. Seria como imaginar que na cabeça do seu ex ocorreu mais ou menos o seguinte: ele ou ela deixou de amar você, depois tornou a amá-lo e se arrepende de ter deixado de amá-lo. Ou seja, percebeu que aquele desamor não tinha sentido e quer retomar a relação com você. Para mim, isso é complicado demais para funcionar. Muitos dos que voltam com o rabo entre as pernas *acreditam* amar o parceiro, acreditam sinceramente, mas depois de um tempo despertam para a mesma realidade afetiva. Não digo que as "segundas chances" sempre sejam um fracasso – algumas deslancham e permanecem estáveis –; o que quero enfatizar é que, não importa o que o ex diga ou sinta, o amor de "segundo turno" precisa ser firme e mostrar bom desempenho nas situações cotidianas: tem de ser *provado*.

Outras vezes, a pessoa que saiu do relacionamento e deseja retornar argumenta o seguinte: "Eu me arrependo de ter ido embora, por isso quero voltar para *ver se consigo amar você* novamente, pois você *tem muito valor* como pessoa". Repito: ninguém entra e sai de uma relação como entra e sai de casa. Espinoza e Comte-Sponville diziam que *não amamos as pessoas porque são valiosas, mas as julgamos valiosas porque as amamos*. Será que seu ex precisou perder você para "descobrir" que a amava? Se isso aconteceu, não deveria questionar a qualidade do seu amor? Muita gente não precisa perder o parceiro para se conscientizar de que o ama!

Alguns pacientes se perguntam: "Por que não lhe dar outra oportunidade?". Uma mulher me disse certa vez: "Só mais uma vez, por favor, só uma, e se não funcionar desisto, juro!". No fim, por sua conta e risco, voltou com o ex-marido. A tentativa gerou um jogo de "perdões", "elogios" e "reinícios" que resistiu por vários meses, até finalmente ir por água abaixo. A vida deve ser mais do que passar o tempo todo resolvendo problemas. O amor inseguro, que no fundo é um desamor que não se decide, é extenuante.

Não reate com seu ex se estiver com amnésia afetiva, não tente recomeçar como se nada tivesse acontecido: carregue consigo sua história. As segundas oportunidades devem ser cientificamente organizadas e trabalhadas com seriedade. Mesmo que não haja muitas ilusões, não basta abrir o coração; também é necessário ativar a mente e pôr em prática as devidas competências de conciliação. Não basta a "inspiração"; tem de haver uma gestão inteligente e uma boa administração de recursos emocionais. Nas batalhas do amor é tão fácil confundir o norte com o sul! Lembro-me do caso de um homem separado que chamava a ex toda vez que sentia dor nas costas, e, segundo ele, ficava imobilizado. Durante a "invalidez", ela cuidava dele e o ajudava em tudo. Perguntei à mulher por que assumia esse papel, e ela respondeu: "Para mim, ele é como um filho". E, quando comentei isso com meu paciente, ele me disse sem pestanejar: "Ela me ajuda porque ainda me ama".

Leia com atenção o texto a seguir:

> Portanto, o que você deve considerar não é apenas o arrependimento do outro, mas também o motivo que o levou a partir. Diga a ele o seguinte, como sugestão: "Você quer voltar? Pois então me explique primeiro, com todas as letras, por que foi embora; e, se não puder me dar uma justificativa convincente, é melhor ficar onde está". Se a causa do desamor do seu parceiro continua latente, talvez ele tenha mil recaídas e você entrará mil vezes num luto confuso e incompleto. As segundas chances podem ser mais bem-sucedidas quando o casal está bem consciente do que aconteceu. Por exemplo: o que provocou a separação, como a relação poder ser melhorada, quanto amor resta, se há ou não apoio profissional, se ainda existe mágoa e como lidar com ela.

CAPÍTULO 2

SEGUINDO O RASTRO DO EX DESESPERADAMENTE

> *Depois que cansei de procurar,*
> *aprendi a encontrar.*
> FRIEDRICH NIETZSCHE

Desejo e perseguição

Como já disse, não existe uma "amnésia afetiva total": não se trata de dar uma pancada na cabeça e produzir um trauma encefálico para apagar as lembranças. Não é possível "esquecer definitivamente" quem marcou seu coração e foi tão importante em sua vida. A marca fica. O que você precisa é chegar ao ponto de *recordar sem rancor e sem angústia*. Uma lembrança limpa e sem ressentimentos, tranquila, que lhe provoque um sorriso generoso, uma "dorzinha" manejável, uma sensação de amizade ou alívio por ter se livrado da tortura de viver com quem não devia. Seja como for, o importante é desfazer o vínculo emocional, resolvê-lo e deixá-lo fluir.

Por que é tão difícil esquecer alguém? Muitas vezes isso acontece quando, numa relação, a pessoa se debruça demais sobre o parceiro e constrói sua existência ao redor dele, perdendo a independência por causa do amor. Uma mulher de meia-idade e separada me disse: "Para ficar com ele, abandonei as amigas, o clube, o trabalho, tudo… Deixei tudo por ele, e é assim que ele me paga". Essa afirmação tem ao menos dois erros de concepção. Vejamos em detalhes:

- Que necessidade havia de "deixar tudo" pelo outro? Por que ela não conseguiu preservar seu espaço e manter o vínculo afetivo ao mesmo tempo? Caso o marido a tenha impedido de continuar com suas atividades normais, o casamento não era bom, e o erro foi ela continuar com ele e aceitar suas condições. Caso ela, de fato, tenha feito tudo isso para ficar ao lado dele, terá de assumir as consequências de uma crença irracional. Amar não é suicidar-se psicologicamente. O amor envolve uma união física, mas também emocional e espiritual. Num amor saudável, as pessoas não se anulam, mas se somam. Amar é somar, crescer, e nunca regredir.
- "É assim que ele me paga", diz ela. Por acaso estava vendendo ou comprando alguma coisa? Não é muito lógico imaginar que, como ela perdeu seu sistema de referências sociais e afetivas por amor ao marido, este deveria, consequentemente, amá-la como pagamento ou compensação. Da premissa não se extrai a conclusão. Amar não é assumir uma dívida e esperar que a outra parte o "indenize". Essa correlação é infantil. Poderíamos até pensar o contrário. Há pessoas que, quanto menos amor recebem do parceiro, mais se apaixonam, e quanto mais amoroso é o outro, mais rápido terminam a relação. Um paciente me dizia: "Ela se derrete por mim, é muito meiga e gentil, mas às vezes sinto falta de um pouco de indiferença. Tanta amabilidade e ternura me sufocam. É bom que a mulher amada nos faça sofrer às vezes. Isso mantém o amor vivo". Como entender um raciocínio esdrúxulo desses? Não é fácil ouvir de quem se ama: "Não me ame demais,

afaste-se de vez em quando para que a chama do amor não se apague".

Nessa fase de desespero, você desejará seu ex e o perseguirá por céus e terras para recuperá-lo, na realidade ou na imaginação. Ficará obstinado em resgatar seu relacionamento de qualquer jeito e não se entregará tão facilmente à perda. Vai acalentar a ideia de um possível regresso e descobrir em você "dotes detetivescos" que até agora desconhecia. Seu ex-parceiro se transformará num alvo móvel. Um impulso incontrolável o levará a querer saber o paradeiro dele, o que está fazendo e, o mais importante, com quem.

Devido ao forte sentido de posse que é comum nessa situação, você tentará recuperar o que julga seu por direito: o corpo, a mente, o espírito e o amor do parceiro. No entanto, apesar de seus devaneios e prognósticos, as coisas não acontecerão como você gostaria. Sinto informar, mas ele não lhe pertence e *nunca lhe pertenceu.* Seu ex não é um objeto que você comprou numa feira de escravos. Numa relação saudável, ninguém é de ninguém, e todos são livres para ir embora quando quiserem. Podem fazê-lo de maneira adequada, sendo sinceros e procurando causar o menor dano possível ao outro, ou mentindo, desrespeitando o sentimento de quem foi seu companheiro ou companheira. Porém, independentemente da "forma de terminar", repito, seu ex não é seu, não foi e nunca será. Assim, espero que você fuja dessa tendência que o mantém num otimismo fora de foco (o sonho de uma recuperação impossível) e que lhe serve de motor de busca (persistir e insistir de modo insensato).

COISAS QUE VOCÊ NÃO DEVE FAZER PARA "RECUPERAR" SEU EX-PARCEIRO SE QUISER MANTER A SANIDADE E NÃO ALIMENTAR UMA ESPERANÇA INÚTIL

Conseguir informações do ex por meio dos amigos comuns ou parentes

Você repete o erro inúmeras vezes: faz qualquer coisa para se apegar ao amado. Apesar das evidências em contrário, continua achando que seu ex ainda está ligado ou ligada a você. Emociona-se e agita-se com as lembranças. "Ele ainda está vivo em mim", disse-me uma paciente. Então fiz-lhe a seguinte pergunta: "E o que alimenta essa 'vida' além de seus pensamentos e do desejo que ainda sente por ele?". Ela respondeu: "Tudo o que acontece à sua volta. Quero saber minuto a minuto o que ele está fazendo, aonde vai, com quem sai e até o que pensa. Seus melhores amigos também são meus amigos, então eles me contam". Amor movido a espionagem. Esses amigos comuns, talvez com boas intenções, a mantinham atualizada e não deixavam sua ferida cicatrizar. Ela, entretanto, como um computador de última geração, processava todo tipo de informações e fofocas sobre o homem que ainda amava (incluindo o Facebook). Um luto vivido assim pode durar uma eternidade, porque o outro sempre estará presente e ativo na mente da pessoa que sofre. Como seria possível alguém vivenciar uma perda de maneira saudável se, como faziam certos reis no passado, convivesse diariamente com o cadáver embalsamado do falecido?

Agarre-se ao seguinte princípio e siga-o à risca, como se fosse uma questão de vida ou morte: se quiser esquecer seu ex, faça o possível para não saber nada, *absolutamente nada*, dele ou dela. Enterre-o simbolicamente.

Morda a língua, tampe os ouvidos, vá para o deserto ou faça alguma peregrinação pela terra santa, mas não pergunte nem continue se relacionando com os melhores amigos de seu ex. E, se por acaso calhar de vê-los, não permita que lhe contem nada sobre ele ou ela. Não alimente um fantasma que depois o destruirá. Conclusão: zero informação. Em um mundo em que precisamos estar atualizados, sugiro que faça uso da mais crua *desinformação* sobre a pessoa que foi sua companheira. Quando pergunto a um paciente: "Tem notícias do seu ex?" e ele me responde: "Não tenho a menor ideia", só posso cumprimentá-lo. Bendita seja a ignorância amorosa!

Aqui vão duas recomendações:

- O luto deve se estender a *tudo o que diz respeito* à pessoa amada. Um paciente que se separara havia alguns meses continuava vendo o ex-sogro com frequência porque, além de gostar dele, considerava-o uma ótima pessoa. Telefonava para ele, saíam para tomar café e jogar xadrez. Mas esses encontros ocultavam uma segunda intenção: saber da ex-mulher, a qual, por outro lado, tinha uma vida social intensa e repleta de amigos. Toda vez que estava com o pai dela, ele sentia seu amor se reacender. "Não sei o que fazer", confessou-me um dia, desesperado. Sugeri que parasse de ver o sogro por um tempo e procurasse amigos que não fossem próximos da ex-mulher. Insisto: para haver uma separação saudável, é preciso se distanciar de tudo o que se refere ao ex, incluindo a família, se necessário. Os filhos são o único laço permitido sempre – aliás, obrigatório.
- Outra questão a ser considerada é que ninguém abandona uma droga usando-a de vez em quando:

deve deixá-la definitivamente e não consumir nada. Mesmo que sofra, contorça-se e fique histérico com a abstinência. Não existe analgésico nem subterfúgios para isso. Procure assumir uma nova atitude: será que não é mais corajoso do que imagina? Ponha uma coisa na cabeça: *tudo acabou, e dele ou dela só resta a lembrança que você alimenta como uma forma de continuar envolvido.* A solução está em você: aprenda a perder e deixe seu amor ir embora. De que adianta nutrir essa memória específica? Como dizia um paciente: "Enquanto pensar nela e a recordar, ela estará presente em minha vida". A premissa é horrível: se não posso tê-la no plano real, vou guardá-la na imaginação e mantê-la viva virtualmente. É uma espécie de holograma mental, quando o que se pretende, na verdade, é exatamente o contrário. O processo liberador de um luto é o oposto: é enterrar emocionalmente o ex, em vez de deixá-lo em "animação suspensa" ou criar um santuário metafísico em nome dele.

Persegui-lo ou persegui-la

Não é só em filmes policiais que acontecem perseguições. O desespero para ver o outro leva as pessoas a fazer coisas de que nunca se imaginaram capazes. Uma paciente resolveu seguir o ex para saber se o homem estava saindo com alguém, e para isso arranjou uma peruca, pegou emprestados uma roupa e o carro de um primo. Então o seguiu até um bar e sentou a uma mesa um tanto distante da dele. Pouco depois, suas previsões se confirmaram. Chegou nada mais nada menos que sua melhor amiga e o beijou na boca apaixonadamente! Ela ficou tão chocada que se atrapalhou e acabou derrubando uma xícara de café e um copo d'água. Com o barulho, o ex e sua acompanhante se viraram e a viram ali em pé, imóvel, olhando-os fixamente. Reconhecendo-a, ele perguntou: "Melissa, é você?". Ela saiu correndo, tropeçando em tudo o que havia em seu caminho, enquanto pensava: "Quero me enfiar num buraco!". Semanas depois, em uma consulta, disse-me: "Não sei o que é pior: descobrir que ele me trocou por minha melhor amiga ou o modo ridículo como agi naquele dia no bar. Só de pensar em vê-lo de novo fico envergonhada". Embora tenha tido de lidar com um duplo luto, da amiga e do namorado, a vergonha a ajudou a não procurá-lo mais, e pouco a pouco ela aceitou um rompimento definitivo. Brincar de detetive não é fácil!

Quando as coisas escapam ao seu controle, deixe que sigam seu curso, sem interferir, apenas observe. Perseguir o impossível é uma atitude irracional; portanto, sentir desesperança, no sentido de "não esperar nada" ou "aceitar o pior", às vezes é saudável. Ao perseguir seu ex-parceiro, o que você busca? Explicações? Algo que justifique seu afastamento? Ou talvez, lá no fundo, acredite que tudo não passa de um problema passageiro que pode ser resolvido. A seguir, veja alguns exemplos de "falsas ilusões" ou desculpas para explicar o distanciamento do ex: "Ele se entregou às drogas", "Foi vítima de um feitiço", "Está com uma doença incurável", "É agente da CIA", "Está mal da cabeça" e por aí vai. A ideia é salvar seu amor a qualquer custo: "Não é que ele não me ame, mas existe um fator externo que justifica a aparente desafeição, e no fundo ele continua me amando". Uma mulher de meia-idade negava a indiferença do parceiro dizendo: "Ele não quer me amar". Quando você persegue seu ex, a mente se debate entre duas expectativas: descobrir o que está acontecendo e que isso não seja grave. Em geral, não se descobre nem uma coisa nem outra.

Recorrer a bruxos e videntes

Há pessoas que, quando a realidade foge do seu controle, procuram soluções no além. Então apelam para forças obscuras ou desconhecidas que façam por elas o que não são capazes de fazer por si mesmas. Fantasias, sonhos e quimeras de todo tipo acompanham as estratégias "sobrenaturais": compram velas coloridas, mandam preparar poções, invocam espíritos ou posicionam a cama de casal num determinado campo magnético. O pensamento mágico não tem fim, e é muito mais afiado quando está a serviço de um amor não correspondido.

Se você sente que está dominado pela irracionalidade, tranquilize a mente e evite entrar no mundo sórdido de bruxos e videntes. Eles não conseguirão resgatar os sentimentos do seu ex-parceiro. Uma paciente me disse: "Procurei a magia porque soube que meu marido tem outra e quer me deixar. Ao que eu saiba, a família dessa mulher é muito esotérica e ligada à magia, não sei se negra ou branca, mas parece que lidam com forças estranhas... E só posso enfrentar essa situação com a ajuda de alguém com poderes especiais". Sua meta era, nem mais nem menos, resgatar o marido das garras de uma perigosa feiticeira. Bem, será que isso se resolve em uma consulta psicológica? Perguntei a ela por que razão havia procurado a mim, um simples mortal, e a resposta foi: "Você organiza minha mente, e eles se encarregam de combater as energias negativas". Com poucas sessões percebi suas verdadeiras motivações: minha paciente criara um sistema de fábulas e figurações para sofrer menos e fugir da indiferença cruel do marido, a quem defendia com unhas e dentes, uma vez que o considerava vítima de um feitiço. Um dia, tentando enfrentar seus pensamentos mágicos, disse a ela com todo o cuidado: "Nunca lhe ocorreu que talvez seu marido e a amante estejam juntos simplesmente porque assim quiseram e decidiram, e não por algum motivo sobrenatural, obscuro ou maligno? Eros dá a flechada, mas as pessoas também fazem sua parte. Acho que o amor e o desamor acontecem *naturalmente*, sem encantamentos nem evocações estranhas de algum submundo desconhecido. É melhor encarar as coisas como são, mesmo que seja difícil". Ela me olhou assustada e, apontando-me um dedo, vociferou: "Incrédulo! Incrédulo! Um psicólogo deve ter a mente aberta! Você me decepcionou, realmente!". E foi embora, batendo a porta. Pela minha experiência, concluí que as pessoas que entram no jogo de buscar explicações fantásticas se alimentam da ilusão para manter a esperança de recuperar o parceiro. E esse processo pode durar anos.

Você não precisa de deuses misteriosos nem de seres estranhos para superar uma perda amorosa; mesmo que eles existam, devem estar ocupados com coisas bem mais importantes do que sua história de amor. Só depende de você, e de mais ninguém, conseguir seguir adiante e esquecer o passado. Não procure justificativas extraterrenas; é mais racional pensar que seu parceiro o deixou porque o amor tomou outro rumo ou se desgastou com o tempo e a rotina. Assuma isso sem recorrer a meios escusos. Se acreditar em Deus, reze, mas lembre-se do ditado: "Ajuda-te e Deus te ajudará!". Como já disse, a fé em Deus o estimula e lhe dá ferramentas, mas é você quem toma a decisão final. Definitivamente, tudo está em suas mãos.

Forjar encontros "fortuitos" com ele ou com ela

Os encontros forjados têm grande impacto sobre a vítima do abandono: ao ficar cara a cara com o ex, sente reviver a velha paixão. Só de vê-lo, seu coração dispara: escutar sua voz, fitar seus olhos, ver seu sorriso, estar perto dele... tudo contribui para criar um efeito de deslumbramento. E esse clima de "recuperação amorosa" estimula sua imaginação, fazendo a pessoa criar expectativas quanto a uma possível reconciliação. Um paciente me revelou sua estratégia e sua conclusão posterior: "Eu a segui até o parque e agi como se a tivesse encontrado por acaso. Foi maravilhoso vê-la de novo! Estava mais linda do que nunca e foi muito gentil. Eu diria até 'especialmente amável'... Olhava-me com carinho e, quando nos cumprimentamos, ficou apertando minha mão por um instante antes de soltá-la e sorriu maliciosamente. Foi um momento incrível, que revigorou minha autoestima. Acho que ainda posso ter esperança...". Dias depois, falei com a mulher, e ela me confessou: "Você precisa ajudá-lo a parar de me perseguir. Só nesta semana já topei com ele três vezes. A última foi no parque. Queria sair correndo, senti-me assediada... Por favor, não sei mais o que fazer!". O amor vê o que quer ver. O coração sente o que quer sentir.

Em outro caso, uma mulher "armou" um encontro com o ex porque, segundo ela, queria fitá-lo nos olhos e lhe perguntar de uma vez por todas se ainda o amava ou não. Aconselhei-a a não ir, pois estava frágil, e a resposta do homem poderia magoá-la, mas ela insistiu. Alegou que se sentia forte para receber qualquer notícia e leria a verdade nos olhos dele. Quando viu o ex frente a frente e lhe perguntou se a amava, ele se limitou a dizer: "Não insista, não sinto mais nada por você...". Minha paciente ficou desolada. Às vezes, principalmente no quesito amoroso, é melhor esperar do que se precipitar. Há coisas que não se dizem nem pedem porque a verdade está implícita na história e nas ações que vivemos. O amor verdadeiro fala, mesmo que esteja em silêncio, e o desamor também.

Ligar para "dizer oi" ou para se justificar: "O celular ligou sozinho"

Você já fez isso? É muito comum as vítimas de perdas amorosas recorrerem ao celular para ouvir a voz do ex e especular sobre a vida dele. "Alô? Oi! Desculpe, liguei sem querer...! Bom, mas como vai você, o que tem feito?". Tudo leva a crer que é um plano perfeito até que se escuta do outro lado: "Perdão, mas estou numa reunião importante agora. Depois te ligo". *Crack!* O coração parece se destroçar. E então a pessoa entra numa paranoia: "Ele podia pelo menos ter me perguntado como eu estava...", "Não demonstrou nenhuma emoção ou surpresa ao ouvir minha voz...", "Não sou mais tão importante na vida dele quanto sua suposta reunião...", "Será que tinha mesmo reunião?", "Disse que ligaria 'depois', mas não falou o dia nem a hora...". Inevitavelmente, você conclui: "Ele não quer me ver nem me ouvir", e, no entanto, se apega às hipóteses mais improváveis, como: "Não demonstrou interesse porque quer me castigar" ou "Não consegue falar comigo porque ainda gosta de mim". Pense bem: se alguém quiser realmente ficar com o antigo amor, não desperdiçará nenhuma oportunidade, como essa do telefonema.

Outras pessoas são diretas: respiram fundo, tomam coragem e, mesmo temendo ser rejeitadas, ligam para o ex como se nada tivesse acontecido. É a técnica camicase. Empunhando o telefone, agem com naturalidade. E, embora sua voz pareça alegre e relaxada, no fundo estão sofrendo. "Como vai? Liguei para dar um alô...". Agora pare e reflita: se você costuma agir assim, o que realmente espera com essa atitude? Que o outro lhe diga algo que não dissera antes? Que lhe faça juras de amor como no passado? O que pretende é simplesmente sentir que o outro existe apesar de tudo e ainda lhe dirige a palavra? Ou talvez, e seria o mais lamentável, você ligue para ele só para preencher o vazio afetivo por alguns segundos. Procura um pouco de alívio na voz dele, como um dependente de drogas: somente uma dose mínima para relaxar. Embora saiba que, assim que seu ex-parceiro desligar o telefone, a crise de saudade voltará, agora muito mais intensa do que antes do telefonema. Não seja masoquista! Não procure sarna para se coçar! Cada vez que fala com ele ou com ela, você não contribui para esquecer o relacionamento, mas sim para reativá-lo com mais força e sofrimento.

Perguntar sobre a nova relação do ex ou sobre suas atividades com o sexo oposto

Haverá coisa pior do que descobrir que nosso querido e idolatrado ex-amor, que era nossa doce companhia, se apaixonou por alguém? Quando surge um concorrente, as chances de reatar diminuem consideravelmente. Uma paciente afirmava, desapontada: "Não acredito! Faz só seis meses que nos separamos, e ele já arrumou outra!". A questão é que seis meses, para alguém que está sexualmente disposto e de coração aberto, não é pouco tempo, não importa com quem esteja saindo. Se ele se empenhar, é provável que acabe se ligando a outra pessoa. Contudo, minha paciente não aceitava isso e ficava se torturando: "Como essa estúpida se atreve a se aproximar dele? Ele é meu!". A constatação de que seu ex-amor está com outro ou com outra praticamente destrói qualquer esperança de reconciliação. Isso porque, se existe outra pessoa, deve haver sexo, novos estímulos de prazer, carinho, comunicação, gentileza, amizade, enfim, é um novo vínculo, com tudo o que isso implica.

Se o seu ex já tem nova paixão, por que você quer pôr o dedo na ferida e saber mais?

Há algo de mórbido em tentar descobrir obsessivamente quem é o rival e até que ponto o casal está envolvido. Não basta ter constatado que ele já está em outra relação? Mas você quer descobrir se é uma simples aventura ou um compromisso sério, não é verdade? Se ainda existe chance de ele voltar ou não. E, enquanto procura fazer Lázaro ressuscitar, você vai se depreciando sem perceber. A melhor solução é: deixe seu ex ser feliz e viver em paz. Caso tenha sido uma boa pessoa, ele o merece; e, se só lhe deu dissabores, que vá para o inferno! Ele que faça o que bem entender, você não tem mais nada a ver com isso. É lógico que não é fácil! Mas não existe alternativa. Embora seja difícil, lembre-se: milhares de pessoas passam por isso e conseguem recuperar-se.

Devolver as coisas do outro "pessoalmente"

A melhor maneira de resolver esse assunto é juntar tudo o que pertence ao seu ex e ainda está com você, embrulhar para presente e enviar por FedEx. Livre-se das coisas que não são suas. Mande pelo correio, assim não terá outro pretexto para vê-lo ou vê-la. Uma paciente esperou durante três meses que o marido voltasse para ela. Ao ver que ele não se decidia, colocou a roupa dele e alguns livros em sacos e deixou tudo na portaria do prédio onde ele morava. Não esperou que o homem fosse "buscar suas coisas". Além disso, anexou à bagagem um bilhete escrito à mão com os dizeres: "Cansei de esperá-lo, não volte mais". Esse é um gesto corajoso de quem decidiu não ser mais uma Penélope.

Quando você for capaz de dizer ao seu ex, sinceramente e sem rancores ocultos: "Faça o que bem entender", terá entrado no maravilhoso mundo da liberação afetiva. Não fique com o que não lhe pertence, promova uma divisão justa dos bens, sem tentar tirar vantagem da situação. Nada melhor do que se livrar do que não é seu e pôr as coisas no devido lugar. Você se assusta com o fato de não existir mais nada que o ligue a ele ou a ela? Isso é o desapego, e é a partir dessa quebra que você construirá sua autonomia. Um dos meus pacientes guardou por vários meses uma calcinha usada da ex-mulher porque sentia que assim se manteria próximo dela. Obviamente, esse "vínculo" era simbólico e o fazia sentir-se bem. Quando lhe sugeri, um dia, que se livrasse de seu pequeno "objeto de desejo", ele se negou enfaticamente e ameaçou interromper o tratamento se eu tocasse de novo no assunto. É claro que eu tinha posto o dedo na ferida dele. A terapia durou quase dois anos. Sempre pode haver algo que o mantenha apegado ao seu antigo amor: uma foto, um lenço, um perfume ou até coisas mais sutis. Seja valente e ponha tudo na mesa: livre-se da carga física, porque o peso das lembranças já é suficiente.

Entrar no Facebook e explorar exaustivamente a página dele

A vantagem do Facebook é que a pessoa pode praticar o voyeurismo descaradamente sem que ninguém perceba ou critique: um se exibe, e o outro o observa nos bastidores. Você pode ver se o ex engordou, quais são seus programas, viagens, projetos amorosos e coisas do tipo. No entanto, essa incursão, embora às vezes seja dolorosa, também pode ser bastante útil porque o ajuda a descobrir coisas que não sabia ou não queria ver. Um paciente entrou no Facebook da ex-mulher e encontrou a seguinte postagem, um mês depois do rompimento: "Eu me separei, estou feliz, voltei a viver!". Quando me consultou pela primeira vez, ele me dissera: "Doutor, vim aqui porque quero reatar meu casamento. Quero mudar. Minha mulher me deu um tempo para recomeçarmos uma vida nova, nós nos amamos muito e, além disso, há os filhos". Isso era bem preocupante, tendo em vista a verdadeira intenção da ex-mulher. Enquanto ele se preparava para voltar, porque achava que ainda era amado, ela pulava de alegria por finalmente se ver livre. A ex não fora sincera com ele, fazendo um jogo duplo: ao mesmo tempo em que alimentava a esperança do ex-marido, já se programava para viver sem ele. Contudo, deixou pistas demais. O fato é que isso gerou um desajuste emocional em meu paciente que durou meses. A desonestidade da pessoa que amamos é um golpe cruel do qual não é fácil se recuperar. Se seu rompimento é sério e você quer agir de forma inteligente, exclua o ex de seus contatos, bloqueie-o e tire-o definitivamente do computador. Consegue apertar a tecla mágica? Ao fazer isso, deixará de alimentar, pelo menos em parte, a dependência que o aflige.

    Há mais uma questão: se seu ex sabe que você o segue religiosamente no Facebook, ele terá a oportunidade de magoá-lo com suas postagens. Poderá, por exemplo, publicar fotos "comprometedoras", para mostrar que está mais feliz do que você imagina. E você ficará à mercê dele toda vez que bisbilhotar em busca de novidades, o que vai influir em seu ânimo. Para que correr esse risco? Não ponha a cabeça na guilhotina, nunca se sabe. É melhor um distanciamento bem elaborado, uma desconexão emocional e virtual, do que um apego excessivo. Afaste-se da mente de seu ex e de qualquer intenção exibicionista da parte dele.

Usar as senhas pessoais do ex para acessar o correio eletrônico dele

Aqui entramos num terreno ético. Invadir o correio eletrônico do seu ex vai além do limite do politicamente correto. Assim como penetrar na intimidade de qualquer pessoa sem ser convidado. Embora muitas vezes violemos direitos em nome do amor (se quiser se aprofundar no assunto, leia meu livro *Los límites del amor*), não é recomendável entrar no território confidencial de seu parceiro sem permissão. Da mesma forma que o amor tem um limite, o desamor também tem.

Além do aspecto ético, existe um argumento pragmático. Se seu ex-amor se afastou de sua vida definitivamente, de que adianta seguir seus passos em cada e-mail? Você faz questão de saber por que o amor acabou? Não é bisbilhotando a correspondência dele que vai descobrir isso. Talvez ele tenha apenas se cansado de você ou perdido o interesse, não precisa haver nenhuma razão especial. Acabou e ponto. Reflita por um instante: se seu ex não mudou a senha, das duas uma: ou ele confia muito em você, ou você é ingênuo. Se for o primeiro caso, essa pessoa merece seriedade porque acredita em sua boa-fé. Se for a segunda opção, não se aproveite de sua pureza.

Pedir favores ao ex ou ajuda em alguma área

Essa é a tática da pessoa que faz o papel de incapaz ou inútil. Muitos casais continuam a se relacionar depois da separação por causa da incapacidade absoluta de uma das partes. Lembro-me do caso de dois jovens sem filhos que, depois da separação, continuavam compartilhando uma série de atividades. Por exemplo: ela fazia as compras, e ele a ajudava na parte financeira; ela, por ser médica, tratava dele quando ficava doente e ele, por ser engenheiro, cuidava da manutenção da casa da ex-mulher. Ficaram seis meses separados e pareciam bem, até que um terapeuta lhes sugeriu que cada um administrasse a própria vida. A partir daí, os dois entraram em pânico e começaram a sentir-se mal e "incompletos". Há maneiras muito sutis de "continuar juntos sem estar juntos", e nem sempre o casal tem consciência disso. A fórmula "Vamos nos separar 'um pouco' sem perder nossas vantagens recíprocas" não funciona, portanto nem adianta tentar. As pessoas dependentes costumam se mostrar ineficientes, indefesas ou até profundamente deprimidas se o ex ou a ex não tomar conta delas. A questão é a seguinte: quanto mais você se tornar eficiente e independente, mais depressa superará o luto amoroso.

CAPÍTULO 3

A DIGNIDADE ACIMA DE TUDO

*Se você quer ser respeitado pelos outros,
o melhor é respeitar a si mesmo.
Somente assim, se respeitando,
inspirará os outros a respeitá-lo.*

Fiódor Dostoiévski

O autorrespeito acima do amor

Muitas pessoas extrapolam os limites do autorrespeito e acabam indo contra seus princípios quando querem desesperadamente recuperar a pessoa amada. Nesses momentos, não agimos racionalmente, o que nos move é a angústia causada pela perda, então simplesmente traímos a nós mesmos. Não é nenhuma desonra sentir isso diante de um amor impossível ou não correspondido. Talvez até já tenha acontecido com você, quem sabe na adolescência? De uma hora para outra, a dignidade, que é um valor e um direito, é atirada pela janela quando, de peito aberto e sem a menor vergonha, você chora, ajoelha e implora ao ex que não vá embora e volte a amá-lo, como se pudesse convencê-lo ou convencê-la. Durante uma consulta com um casal, quando o marido confessou à esposa que não a amava mais, ela se jogou na frente do homem, beijou-lhe os pés e lhe implorou que "voltasse a amá-la". O marido ficou imóvel, sem saber o que fazer. Imediatamente a levantei do chão, pedi que se recompusesse e lhe expliquei que aquele comportamento afetaria profundamente sua autoestima. A única reação que notei no marido foi um olhar de desprezo. A certa altura, ele me disse: "Está vendo, doutor, por que é tão difícil amá-la? Ela não tem o mínimo de amor-próprio!". Depois dessa sessão, a mulher continuou mendigando afeto por várias semanas sem obter resultado, até que um belo dia se cansou de suplicar. Entrou numa tristeza profunda e, depois de algum tempo, conseguiu admitir a perda do parceiro. Antes do ano-novo, sentia-se renovada.

Por que minha paciente defendia tanto uma relação tão prejudicial? Uma vez, em um momento de lucidez, ela comentou comigo: "Eu achava que não merecia nada melhor". Sua autoestima estava baixíssima. Muita gente não confia em si mesma e precisa da aprovação dos outros para se sentir segura. Mas como isso pode acontecer quando se crê que o valor pessoal é medido pelos outros? A dignidade é uma tarefa pessoal, uma construção intransferível. Se você me perguntar quanto vale, minha resposta é categórica: *você não tem preço*. Você vale simplesmente por ser humano, mesmo que seu parceiro não o ame de jeito nenhum. Nosso valor é intrínseco.

A LUTA CONTRA A INDIGNIDADE

É até possível que você consiga a atenção do seu ex implorando ou se subjugando, mas essa atenção será negativa, com uma dose de pena ou aborrecimento, e suponho que não seja bem isso o que você está buscando. O importante não é que o seu amado caminhe ao seu lado de braços dados, mas sim que esteja "comprometido" com você, mostrando interesse, desejo e empatia espontaneamente, e não de maneira forçada. Você amaria sem problemas uma pessoa que ameaçasse se suicidar se você não a amasse? Essa pressão destruiria qualquer probabilidade de um amor saudável. Conheci pessoas que tentaram chamar a atenção do outro ameaçando tirar a própria vida, e o resultado foi sempre negativo. Os ex entravam em pânico e sentiam uma profunda repulsa por elas. Reatar com um ex-parceiro por medo de que ele faça uma loucura *é* loucura. O amor choroso e sofredor é, além de patológico, insuportável. Insisto: se alguém está com você por pena, é melhor ficar sozinho ou sozinha. Sentir piedade não é sentir amor.

Se você quer chorar, chore (desabafar é saudável), mas faça isso reservadamente ou com uma pessoa em quem confie e que o ame de verdade. Não se faça de vítima carente de condolências: luto e dignidade não são incompatíveis. Uma paciente minha, em qualquer lugar onde estivesse, chorava toda vez que alguém falava do seu ex. No último mês, andava com um lenço o tempo todo. Essa conduta, de mostrar sua dor publicamente, sem a menor restrição ou recato, fazia com que as pessoas a tratassem com aflição e pena, o que alimentava seu papel de vítima e aumentava ainda mais seu sofrimento. Não estou sugerindo que reprima os sentimentos negativos, mas há desgostos que, para serem superados de forma adequada, precisam ser preservados. Se sentir necessidade, tranque-se no quarto, grite até os pulmões racharem, xingue seu ex em todos os idiomas que souber, faça o que quiser, desde que mantenha a discrição.

Quando digo que a dignidade não é negociável, quero sugerir que você se cuide bem e se respeite, ainda que o amor o atraia para o abismo. Há coisas que não estão à venda, mesmo que lhe doa a alma. Você é um ser dotado de racionalidade, liberdade e criatividade. É um milagre da natureza, pode analisar seus pensamentos, ter consciência de quem é e se autodisciplinar. Não precisa de alguém para dirigir sua vida como se fosse uma marionete. Se seu amor o abandonou, recupere o autorrespeito, respire fundo e saia com brio!

"Lutar pelo que se quer" é uma proposta admirável que deve ser respeitada, sobretudo quando se luta em prol dos direitos humanos ou contra a tirania e as ditaduras, mas aqui não estamos falando de política nem de sociologia, e sim de amores que se foram ou são "impossíveis". Insistir para que uma relação siga em frente só vale a pena se ambos os integrantes estiverem comprometidos na luta. No amor, ou se combate em dupla ou se abandona o ringue. Para preservar uma relação, é fundamental que exista certa camaradagem e cumplicidade afetiva. Dizer simplesmente "Por favor, vamos salvar nosso relacionamento!", se o outro não estiver empenhado, é perda de tempo. Se você não percebe nenhum esforço nem interesse do seu amor, deixe-o ir embora. Mude de luta: direcione a "reconquista" para você mesmo. Quando vivencia uma perda de maneira adequada, você adquire duas coisas essenciais: maior liberdade interior e uma nova visão de mundo. Depois disso não se prenderá mais a ninguém e seu olhar será diferente. Os sobreviventes do amor, os guerreiros afetivos, carregam marcas de sofrimento, mas seus olhos têm o brilho característico dos que conseguiram se desapegar, um vislumbre de vitória por já serem capazes de amar sem medo.

Eu sei que você está de luto por dentro e por fora: seu corpo, sua postura e seus gestos demonstram isso. Tudo é doloroso para você. Mas, apesar disso, experimente mudar de perspectiva, mesmo que o sofrimento não o deixe em paz e que sua mente pareça ter congelado. Faça uma tentativa: se seu amor foi embora e não quer voltar atrás, não seria mais coerente festejar essa ruptura? Alguém que não o ama saiu de perto de você! E você não ficará mais esperando que uma flor murcha renasça! Não importa que a pessoa já o tenha amado uma vez, *hoje ela não ama*, e pronto.

Tive uma paciente que se separou depois de um casamento de onze anos com um homem que nunca a amara. Um dia, ela me disse que queria comemorar: "Vivi quinze anos esperando que ele me amasse, cada dia e cada momento foram uma tortura mesclada de esperança. Ele me trocou por outra sem nenhuma explicação e nem sequer se despediu. Como você diz em seus livros: ele não me merece, nunca mereceu". Perguntei-lhe como se sentia e ela respondeu: "Tenho raiva de mim por não ter tomado a decisão quando devia. Mas não importa. Hoje sinto um grande alívio. Não tenho mais que mendigar o amor de ninguém". E organizou uma grande festa em seu apartamento. Trocou os móveis, as cortinas, pintou e redecorou a casa da maneira que sempre idealizara. No meio da folia, pegou a aliança de casamento, enterrou-a no mato e rezou. A atitude básica dela não era de lamento, mas sim de gratidão. Agradecia a Deus, aos amigos, às amigas, à família e à vida por estar emocionalmente livre e sentir-se de novo uma pessoa digna. No dia anterior à festa, ela me confessou: "Eu não o odeio, até poderia dizer que às vezes sinto saudade... O coração é tão estúpido! Na realidade, estou festejando não por ter deixado de amá-lo ou tê-lo esquecido, ainda é muito cedo para isso... O grande motivo é eu ter saído da prisão, não ter mais carcereiro".

Embora cada pessoa lide com a perda à sua maneira (ver o capítulo "Crie seu próprio ritual de despedida") e nem todas sejam propensas a comemorar, deveríamos pelo menos evitar a humilhação de pedir dádivas amorosas. Faça de seus valores uma fortaleza, crie um templo com seus princípios e não deixe que ninguém os destrua. Preserve a dignidade, mesmo que, às vezes, o amor leve você à loucura.

A HUMILHAÇÃO RADICAL

Se uma pessoa se sujeita ao parceiro por amor, pode cair no que eu chamo de *humilhação radical*, uma forma de relacionamento em que se abre mão da própria humanidade. A humilhação radical por amor leva ao abuso, aos maus-tratos, e é um tipo de escravidão afetiva. A pessoa humilhada se considera indigna e aceita o pior porque acha que o merece. Como o parceiro a convenceu de que não é "querida", ela não procura se valorizar, ter objetivos ou desenvolver sua humanidade, passando a viver como se fosse uma coisa ou um objeto. O mandato é cruel: "Não mereço respeito, essa é minha condição natural". A súplica de amor torna-se rotineira e "normal". A atitude servil se agrava com o tempo, e a pessoa assume que não pode desejar um amor nobre e justo porque, no íntimo, considera-se desprezível.

Tenho visto muitos pacientes nesse estado desumanizado, mulheres na grande maioria, cuja causa principal havia sido uma relação de dominação/submissão levada ao extremo. O processo não ocorre apenas pela humilhação física do outro, mas principalmente pela indiferença, com uma frieza fundamental de cunho autoritário. Talvez você já tenha presenciado essa situação em alguns relacionamentos: um dá a ordem e expressa sua vontade, e o outro se inclina e obedece. Em certas ocasiões, essa dinâmica de destruição do "eu", promovida por um aparente amor, pode ser muito sutil e dissimulada porque a vítima colabora com o algoz e tudo fica certo. Anestesiados por dentro e por fora.

Com o tempo, nesse tipo de relação, a pessoa "apaixonada" cria um medo generalizado do mundo porque o considera ameaçador: "Se meu companheiro me despreza, o mundo também me desprezará". Daí ela se isola e se apega àquele que ostenta o poder na relação como o único ponto de referência. Uma paciente me dizia, resignada: "Não sou vítima dele, mas sim do amor que sinto... Não tenho mais nada". Amar um predador é autodestrutivo, e, se esse amor for teimoso e irreversível, pior ainda.

É importante esclarecer que as pequenas humilhações vão se somando. Cada degradação deixa sua marca e alimenta um esquema de subjugação que vai crescendo como um câncer. Nesse contexto, algumas pessoas se "acostumam" a sofrer. Uma mulher, atada a essa submissão, dizia: "Quanto mais aguento e me subjugo, mais demonstro meu amor por ele". É a ideia do sofrimento como sacrifício por amor: "Dou a vida por você, não só física, mas também espiritualmente, além da determinação, do impulso interior". Esses indivíduos nem esperam ser amados; conformam-se com um pequeno gesto de cortesia ou um débil sorriso de vez em quando. Não se dão conta de que o amor deve ser recíproco.

É possível sair dessa humilhação radical? Sem dúvida. Um bom terapeuta pode ajudar você a recuperar o controle de sua vida, embora, devo reconhecer, haja pessoas que conseguem romper sozinhas o processo destrutivo em que viviam. Um dia, você acorda e exclama: "Já chega!". A partir daí começa a transformação. A frase mais libertadora que ouvi foi: "Já cansei de sofrer". E o vetor se inverte. O dominador perde seu poder porque o submisso rompe os grilhões. E nesse dia, como um milagre, surge a liberdade. *Libertação por esgotamento: você se cansa do sofrimento inútil e fica resistente a qualquer lavagem cerebral.*

Algumas consequências negativas de se humilhar por amor

São muitas as consequências nocivas da humilhação, mesmo que seja em nome do amor. Aqui destacarei as três mais importantes do ponto de vista psicológico:

1. A primeira é a seguinte: a humilhação, em qualquer de suas manifestações (suplicar, fazer escândalos, endeusar o outro, autodegradar-se ou aviltar-se verbal e fisicamente), tem *um efeito altamente prejudicial à autoestima*. Humilhar-se para recuperar o ex-parceiro ou um amor impossível cedo ou tarde nos afetará negativamente. As pessoas que rastejam por amor nem sempre agem sem consciência; muitas vezes reconhecem sua atitude inadequada, gravam-na na memória e depois se castigam pelo erro. Um belo dia, começam a sentir vergonha e desgosto por tamanho sofrimento e caem em si: "Por que me comportei dessa maneira?". É um golpe direto na autoestima. Uma paciente, que suplicava insistentemente ao ex que reatasse com ela, disse-me certa vez: "Minha frustração é dupla: primeiro porque ele não voltou, e segundo porque fiquei desmoralizada por ter perdido o orgulho". Nesses casos, não basta processar o luto, há também que resgatar a autoestima.

2. O que você acha que seu parceiro ou seu ex sentem quando você demonstra pouca dignidade? Se quer que o outro o valorize pelo que você é, não se arraste pelo chão como um coitado que precisa ser "adotado". A situação é óbvia: como dar amor se lhe falta amor-próprio? Todos esperam que seu companheiro seja seguro, tranquilo e resolvido,

e não dependente e medroso. As pessoas gostam de uma relação equilibrada. Reconheço que os codependentes são atraídos por aqueles que precisam de ajuda ou são problemáticos, mas a maioria prefere uma relação de igual para igual, onde se privilegie a semelhança. Ninguém quer ser terapeuta do companheiro. Portanto, a segunda consequência negativa é clara e categórica: *quanto mais você se humilhar, menos será amado.*

3. Em muitos relacionamentos amorosos, há uma luta pelo poder afetivo, implícita ou explicitamente. Aquele que precisa menos do outro poderia, ao menos em teoria, desapegar-se mais facilmente. Essa luta pelo poder afetivo tem mais a ver com o "lado político" das relações, assim como a luta pelo poder econômico, pelo sucesso ou pelo poder sexual. A melhor solução não é guerrear, mas sim equilibrar as forças sem que ninguém seja prejudicado. A humilhação destrói esse esquema, e um entrega o poder ao outro, produzindo um vínculo vertical em que, automaticamente, um se coloca por cima do outro. Ao se sujeitar ao parceiro, a pessoa aumenta os riscos de ser explorada em algum sentido. Portanto, a terceira consequência negativa de se humilhar é que *se perde a possibilidade de manter uma relação democrática, com as vantagens que isso implica.*

Resumindo: se você se humilhar, terá problemas com sua autoestima, maior dificuldade de ser amado e criará um vínculo de dominância/submissão. É impossível construir um amor baseado na submissão, pois isso impede que o relacionamento se desenvolva harmoniosamente.

CAPÍTULO 4

"Eu só penso em você"

> *Uma ideia obsessiva sempre*
> *parece uma grande ideia,*
> *não porque seja grande,*
> *mas porque preenche todo o cérebro.*
>
> JACINTO BENAVENTE

Quando o ex ocupa todo o espaço da mente

Não há espaço mental disponível para mais nada: "Eu só penso em você". Esse é o lema de quem faz do parceiro o motivo de sua existência. Se você já é vítima da obsessão, deve saber que essa "absorção afetiva" o consome até o último suspiro. Não se trata de pensar no outro só de vez em quando, mas de ser totalmente dominado por imagens e pensamentos sobre o ex, como se os neurônios se juntassem para repetir a mesma informação, formando uma cadeia interminável. Isso é desgastante, mas, ao contrário de outras vítimas da obsessão, quem sofre de perda amorosa nem sempre quer se livrar dos pensamentos. Às vezes sente um prazer mórbido ao recordar do ex-amor, como se assim pudesse aprisioná-lo em algum santuário fictício.

Reflita por um momento: quando você pensa obsessivamente nele ou nela, será que não gostaria de parar e pensar em outra coisa? Ou esses devaneios lhe provocam certa nostalgia e um encanto dissimulado? Não digo que seja sempre assim, mas há pessoas que, ao ser rejeitadas, apegam-se a um estilo obsessivo durante o luto. Lembro-me de uma paciente que não fazia outra coisa senão pensar no ex-namorado. Infelizmente, nenhuma estratégia funcionava para ela, pois se negava a mudar seu padrão cognitivo. Havia criado um bunker psicológico em que só cabia o ex, obviamente transformado e reajustado ao seu modo: ela o via mais bonito, mais alto, mais companheiro e mais carinhoso do que realmente era. Uma vez me disse: "Estou com um mau pressentimento: se eu parar de pensar nele, nunca mais voltará". Em geral, os pensamentos obsessivos desenvolvidos em lutos afetivos têm um objetivo: manter viva a esperança de recuperar o outro.

O que fazer então? É preciso enfrentar esse processo obsessivo e afastá-lo de uma vez por todas. Você ficará dando voltas no mesmo lugar, em busca de solução. Tentará encontrar "explicações inexplicáveis" e resolver questões insolúveis. Já está nessa fase? Vive conectado ou conectada à imagem do ex e a tudo o que se relacione a ele? Se for assim, deve lutar. Se quiser sobreviver, não fique remoendo um amor mal resolvido que só existe em sua imaginação. Sei que, no fim, você acabará saindo do círculo vicioso por puro cansaço: ao aceitar a indiferença do outro, vai se libertar, embora não saiba quando. Enquanto isso, procure uma terapia, uma limpeza espiritual ou uma sessão de umbanda, tanto faz, faça qualquer coisa para se recuperar. Não carregue essa dor pelo resto da vida, não estimule os pensamentos que exaltam o grande amor perdido: o ex não deve se tornar um santo de devoção. Resista com coragem e perseverança, sem dar o braço a torcer: que a força de vontade o guie e a dignidade o acompanhe. E, quando assumir a atitude entusiasta dos bons guerreiros, dirá: "Não penso mais em você, penso em mim, na minha vida, nos meus sonhos, nas pessoas que amo. Não dedico mais minha energia vital a você, eu o transcendo e me desligo do seu ser".

Três padrões obsessivos que prendem você ao ex

"Eu só penso em você", exclusiva e exageradamente. Há várias maneiras obsessivas de manter-se preso ao ex, por insistência do próprio eu, que variam de pessoa para pessoa ou de vítima para vítima. São elas:

Enxurrada de imagens: a invasão do outro

Um paciente se queixava: "Estou farto dela. Vejo seu rosto, seu corpo, suas mãos, a roupa que está usando. Também a imagino sorrindo e me estendendo os braços carinhosamente...". Ele estava totalmente preso à figura imaginária da ex-mulher. Foi muito difícil para ele livrar-se desse esquema autodestrutivo. Um dia me confessou: "Cansei! Consegui arrancá-la da alma". Era assim que ele sentia: ela estava grudada em sua alma, como uma possessão.

As imagens podem se enroscar umas nas outras e atingir a vítima com a força de uma avalanche. E não só isso: as pessoas muito fantasiosas que sofrem com a rejeição afirmam que as recordações do ex-parceiro são percebidas como reais, e não como um produto da imaginação. Em alguns casos, essas figurações aparecem em forma de flashback e, como acontece em muitos traumas, acabam sendo muito difíceis de controlar. Do nada e sem nenhuma razão aparente, a lembrança surge, inundando tudo.

Viver com ele ou com ela "nas costas" causa muito mal-estar, e ninguém deve se sujeitar a carregar esse peso. Como veremos adiante, há uma série de técnicas muito eficazes para enfrentar essa enxurrada de lembranças. Não alimente as imagens do ex, não ligue para elas quando aparecerem e tente substituí-las ou simplesmente eliminá-las. Cada um desenvolve seu próprio método de enfrentamento. Uma paciente me contou sua estratégia: "Cada vez que o rosto dele surge na minha mente, tiro a roupa e tomo um banho frio. A imagem desaparece num minuto". Não é preciso dizer que ela passou muitas horas no chuveiro. Depois de algum tempo, algumas pessoas se cansam de sofrer e passam a reavaliar o conceito que tinham do ex-parceiro, mas também há outras que sucumbem e ficam encarceradas em uma teia de miragens do ser ausente. Não entre no jogo de confundir o real com o imaginário. Mantenha-se com os pés no chão e não deixe que as fantasias o dominem.

Correlações amorosas: "Tudo me lembra você"

Há pessoas especializadas em se apegar a detalhes. Elas os captam do nada, identificando-os a quilômetros de distância, e os incorporam ao seu mundo interior para estabelecer correlações e justificativas de todo tipo, ainda que pareçam totalmente sem nexo. Uma paciente recém-separada me contou com naturalidade: "Ontem vi um pássaro cinza no céu, ele voou rapidamente sobre mim e consegui ver sua forma. Era magrela e comprido, e então me lembrei de uma vez em que estávamos na praia, e ele jurou que nunca me deixaria". Perguntei-lhe como relacionara os dois fatos, e ela respondeu: "Na praia havia gaivotas". Um senhor mais velho, separado havia muito tempo, me dizia, nostálgico: "Saio na rua e tudo me faz lembrar dela: as árvores, os automóveis, as pessoas. Cada coisa me evoca algo que vivemos juntos". Com esse nível de condicionamento, até a mera respiração poderia ser motivo de recordação. "Tudo o que vivemos juntos" contém informações demais para se apagar ou eliminar de uma hora para outra. Na estrutura detalhista obsessiva, sempre haverá um pormenor, por mais insignificante que pareça, que o aproxime do ex-parceiro, porque o que vocês compartilharam foi uma infinidade de momentos e estímulos de todo tipo.

O ideal para a sua saúde mental é não se deixar seduzir pela livre associação e não cair no jogo das correlações amorosas, pois não haverá limite da sua parte. Sempre lhe sobrará algo para completar ou um vazio para encher. Você poderia ficar uma eternidade buscando coincidências e tentando ligar os fios "soltos". É esse o seu estilo? Se for, está muito mal encaminhado. Em princípio, qualquer coisa pode se relacionar com qualquer coisa. No seu caso, o que funciona como rejunte é a vontade de manter o outro presente. Já parou para pensar que seu ex talvez nem pense em você, e menos ainda nesses "pequenos detalhes" sentimentais? "Nossa canção" já não é "nossa", os lugares por onde passávamos sozinhos agora são públicos, e as comidas que degustávamos mudaram de sabor. O mundo já não é dos dois, nada mais é compartilhado. Por favor, deixe de contabilizar os fatos e criar vínculos entre eles, como se fosse um expert em estatística. Quando um relacionamento termina, a cotidianidade que unia você ao outro se dissolve. O laço fica só na sua mente. Recorde apenas o que vale a pena, que o faça crescer como pessoa e seja vital para sua sobrevivência. Não se apegue a estímulos condicionados que o levam à ansiedade e ao desespero. Dê sossego à memória e à concentração, deixe-as funcionar livremente. Não gaste energia à toa.

O pensamento nostálgico: "Que fim levou você?"

As reminiscências surgem em ritmo de bolero, lentamente, e vão até a medula. Um peso na alma não nos deixa pensar em outra coisa. A qualquer momento a saudade dispara, como o alarme de um carro: "Que fim levou você?", e a mente fica perdida no passado, tentando desfazer o nó e a dúvida. A vontade de saber como anda o ex e o que deve estar fazendo nos angustia e passamos a investigar sua vida atual. Assim, pouco a pouco, entramos num processo melancólico e nos fechamos por dentro. Essa nostalgia nos faz cair num mundo de pena e desolação, mas com um toque agridoce. Como eu disse anteriormente, há um certo prazer em recordar "o que foi bom e que não é mais" – isso nos mantém presos aos pensamentos como se fôssemos viciados num sofrimento prazeroso.

O que fazer? Mais uma vez, você precisa quebrar o círculo vicioso. Quando se perguntar "Que fim levou você?", o ideal seria responder: "Não tenho a menor ideia nem me interessa". Porém, com certeza, o melhor é cortar a ilusão pela raiz, antes que se produza uma reação em cadeia e você acabe prostrado no quarto suplicando a Deus que ele ou ela regresse aos seus braços. Livre-se das lembranças inúteis, não se apegue ao vício rançoso de ruminar "o que foi ou poderia ter sido se as coisas fossem diferentes". Isso é complicado demais para uma mente que se presume sã. Nenhum amor justifica tal sofrimento. Há pessoas que entram nesse jogo nostálgico e permanecem nele durante anos: andam cabisbaixos, mostram-se especialmente existencialistas e com uma atitude resignada de "A vida é assim". São insuportáveis, além de contagiosos, porque nos levam sutilmente a sofrer com eles e compartilhar sua visão de mundo triste e ressentida. Se dizemos a eles: "A vida é bela!", respondem: "Você acha?". Não dizem: "A vida é um asco", só deixam a pergunta em aberto para que também duvidemos. Para eles, nada tem sentido depois do rompimento amoroso. Acham que nunca mais serão felizes porque o ex foi embora. Não conseguem se livrar do passado e não suportam o presente. Nessas condições, é muito difícil superar a perda afetiva.

Se a nostalgia é mais forte do que você e invade sua vida, faça o seguinte: deixe-a visitá-lo, mas somente em certas horas do dia. É um recurso provisório para impedir que a melancolia se alastre ao extremo. Uma paciente me dizia: "Sei que não devo pensar nele, mas eu quero. Não consigo evitar. Gosto de pensar nele, nas histórias que vivemos, nos sonhos que compartilhamos, nas coisas que nos uniam… Depois fico destruída, mas é como uma droga: preciso dela mesmo sabendo que me faz mal". Aconselhei-a a definir um "momento de comemoração" regular, por exemplo das quatro às cinco da tarde. Nesse período ela deveria, conscientemente, pensar no ex até arrebentar. Poderia mergulhar no que quisesse para reviver o ex. No começo ela teve dificuldade para "prescindir dele" durante o dia, mas logo se habituou à ideia de concentrar suas energias no horário combinado. Assim, pouco a pouco, conseguiu reduzir a recapitulação afetiva até chegar a somente alguns minutos por dia. Hoje ela está livre do pensamento nostálgico e, caso o ex surja em sua memória, não se importa muito e rapidamente o deixa de lado.

Como combater os pensamentos obsessivos que o afligem

Vejamos alguns recursos para você enfrentar os pensamentos obsessivos relacionados ao ex-parceiro.

Distração

A distração depende das preferências e da capacidade criativa de cada um. Há várias maneiras de se distrair: conversar com alguém, telefonar para um amigo, assistir a um programa de televisão, praticar exercícios físicos, ler um bom livro ou até meditar. Quando nos concentramos no que fazemos, a mente se desliga dos pensamentos por um instante. Por exemplo: enquanto assistimos a um filme interessante, ficamos tão envolvidos que deixamos de existir para o mundo durante uma ou duas horas. A proposta não é "esquecer seu ex-amor de uma vez por todas", mas interromper a sequência obsessiva por um instante e se conectar de novo com o mundo e com você. Isso lhe trará um pouco de tranquilidade, poupando a mente do círculo vicioso de pensar sempre a mesma coisa.

Faça isso como uma tarefa: foque a atenção em algo diferente, e não no passado. Na verdade, o que se pretende é que você volte ao presente e que sua atenção se concentre nas coisas que estão ocorrendo aqui e agora. Fixe o olhar por alguns segundos em cada objeto ou lugar à sua volta (em plena solidão e sem o ex nas costas); feche os olhos e deixe que o olfato capte livremente os odores (em plena solidão e sem o ex nas costas); ou concentre-se nos sons distantes e nos que estão perto (em plena solidão e sem o ex nas costas). Abrace o aqui e o agora até as últimas consequências. A ideia é descentralizar-se para tocar a realidade e se libertar um pouco das lembranças do antigo amor. Ele ou ela continuarão em sua memória, mas, como em uma luta de boxe, você vencerá um round toda vez que conseguir colocar entre parênteses os pensamentos repetitivos que envolvem seu parceiro. O ato de se isolar, além de lhe causar sofrimento e nostalgia, prejudica o desempenho de sua mente. Isso se justifica? Que tipo de amor é esse que não o deixa viver e lhe suga até a última gota de humanidade? Finja que não se importa e procure se distrair. Os poucos segundos que puder dedicar a pensamentos sadios, livres de obsessão, são muito importantes para a saúde física e mental. Se conseguir se distrair com algo e esquecer o ex-companheiro por algum tempo, verá que ele não tem todo o controle e que você é capaz de se afastar das imagens do passado.

A técnica do "stop!"

Os pensamentos relacionam-se uns com os outros, formando cadeias complexas e altamente resistentes à mudança. A tarefa consiste em bloquear os primeiros elos da cadeia para evitar sua propagação. Continuando com a analogia com o boxe, esse recurso funciona como um soco no queixo do adversário, que, se não o levar ao nocaute, certamente lhe causará muito mal-estar. No caso em questão, o golpe será dirigido aos pensamentos obsessivos. Para você entender como funciona a técnica, citarei um caso do meu livro *Pensar bem, sentir-se bem*.

Um de meus pacientes vivenciava uma sequência de trinta pensamentos encadeados. Começava por: "Não gosto das mulheres" e, em menos de um minuto, terminava com: "Passarei minha velhice sozinho e abandonado". Suas tentativas de interromper os pensamentos negativos não tinham êxito, porque ele só conseguia acessá-los no fim. Vejamos como ele conseguiu aplicar a técnica.

Terapeuta: Vamos tentar bloquear o pensamento negativo bem na hora em que ele começar. Como você já notou, cada pensamento se conecta com o seguinte, de modo que, se os deixar vir em associação livre, a mente se transformará num amontoado de irracionalidades.
Paciente: Isso eu entendi. Foi difícil eu perceber e captar o pensamento assim que surgia, mas agora já consigo, é como ajustar um alarme.
Terapeuta: É uma boa analogia. É preciso criar um sistema de emergência que ative um sinal, algo como: "Primeiro pensamento ativado", ou segundo ou terceiro. O importante é não ficar passivo nem ignorar a formação da cadeia. Vamos adiante. Quero que feche os olhos e, conscientemente, ative o pensamento negativo inicial: "Eu não gosto das mulheres". Quando conseguir, fique com o pensamento e levante a mão para me avisar. Quando o paciente levantou a mão, dei um tapa forte na mesa e gritei: "Stop!", "Stop!", "Chega!". Ele deu um salto e abriu os olhos sem entender o que estava acontecendo.
Paciente: O que houve?
Terapeuta: Acabo de aplicar a técnica da *contenção do pensamento*. Concentre-se novamente no pensamento negativo. Tente...
Paciente: Não consigo, nem sei onde estava...
Terapeuta: A cadeia se dispersou, o fluxo de informação foi interrompido.

Paciente: Bom, sim, é verdade... Mas você não espera que eu faça isso em público, não é? Vão achar que estou louco...

Terapeuta: Se ninguém o estiver olhando, pode dizer a si mesmo: "Stop!", "Basta!", ou usar outra palavra que signifique "pare", e bater as mãos com força. Outra opção é ativar um "stop" interno... Agora tente voltar ao seu pensamento negativo e concentre-se novamente na ideia de que não tem sucesso com as mulheres; quando conseguir estabilizar o pensamento, aplique o método.

Em poucos segundos, o paciente gritou: "Basta!", "Chega!" e bateu na escrivaninha com as duas mãos. Depois de um instante, abriu os olhos e disse com alívio: "Sim, funciona mesmo... Não consigo mais pensar nisso".

Terapeuta: Bom, vamos repetir o exercício três ou quatro vezes com outros pensamentos, mas a cada tentativa vá diminuindo o volume da palavra "Basta!", até ela se tornar um sussurro quase inaudível e se transformar em puro pensamento. Quando chegar a esse ponto, você só *deve pensar* na palavra "stop!" ou "chega!" e não dar mais nenhum tapa. Isso se chama *linguagem interna*, semelhante ao aprendizado inicial da meditação. Lembre-se de que o mais importante é conter o pensamento bem no início; isso não vai eliminar o problema lá no fundo, mas lhe dará alívio e o ajudará a desenvolver um sentido de autocontrole e domínio.

Como se vê, a técnica não é difícil de aplicar, e, se você a aprender, poderá afastar os pensamentos negativos ou recorrentes, inclusive os relacionados ao seu ex-amor.

Tela de cinema em branco

Sente e feche os olhos. Imagine uma tela de cinema em branco. Você verá que logo aparecerão nela figuras, formas e personagens que se entrelaçam. Isso indica que a mente está trabalhando ativamente. O objetivo é deixar a tela completamente em branco. Imagine que está no cinema esperando o filme começar e a única coisa que tem à sua frente é a telona. Cada vez que surgir algo ou alguém na tela, volte para a poltrona e olhe para a frente. A ideia é ficar sempre atento à "tela de cinema em branco". Você pode fazer o exercício quantas vezes quiser ou quando sentir necessidade de acalmar os pensamentos. Durante a prática, respire suavemente e ouça uma música instrumental que lhe dê paz interior.

Evitar atividades que o façam recordar o ex de maneira intensa e persistente

- *Falar dele ou dela o tempo todo e com diversas pessoas*
  Com essa atitude, você fará de seu ex-parceiro o assunto principal, onde quer que esteja, além de mantê-lo vivo na memória. É preferível falar de outras coisas com amigos ou parentes. Talvez lhe perguntem como você está, e então será difícil não tocar na questão. O importante é não se animar demais, buscando cúmplices que, por amabili-

dade, o escutem incansavelmente e o estimulem a falar dele. Esse "hábito de tagarelar" atrapalha seu luto e aumenta a obsessão, além de torná-lo uma pessoa insuportável. Quando o virem chegar, talvez comentem: "Espero que hoje você fale de outra coisa". Não estou sugerindo que não tenha confidentes ou amigos íntimos para desabafar nos momentos difíceis, mas é um péssimo costume falar sobre o ex o tempo todo.

- *Ver compulsivamente fotos do "amor perdido"*
Obviamente, se você mergulha de cabeça nas lembranças, seja ao vivo, seja pela internet, e deixa os álbuns de fotos invadirem sua alma, está alimentando o pensamento obsessivo. Eu sei que às vezes fica tentado e acaba cedendo, com uma taça de vinho e uma caixa de lenços nas mãos. Mas esse "passeio fotográfico" produz a mesma sensação de colocar sal na ferida. A imagem do outro dispara uma recordação, que se mistura com outras, formando uma baderna nostálgica que consome sua energia. Em pouco tempo não conseguirá pensar em mais nada, começará a maldizer a vida e tudo o que o rodeia: entrará em um buraco negro de mãos dadas com seu amor impossível. Não permita que a depressão se instale, livre-se de todas as fotos ou objetos que evoquem o passado vivido com o ex. Coloque-os num cofre e esqueça a senha, até que esse sentimento que hoje o perturba não o afete mais.

- *Não é recomendável ouvir música em seu estado*
Uma atividade especialmente arriscada para a saúde mental é o que poderíamos chamar de "despeito musical". Como um melomaníaco

descontrolado, você passa o tempo ouvindo canções que o façam reviver o amor perdido: tudo é válido para sentir a presença dele. A música ativa os vínculos emocionais registrados no cérebro, que por sua vez arrastam outras lembranças relacionadas àquele sentimento, num efeito de cascata. Uma paciente me dizia, angustiada, que não conseguia tirar o ex-namorado da cabeça, e todas as noites, num ritual perverso, ouvia as canções que costumava curtir com ele, debaixo do cobertor e abraçada a um urso de pelúcia enorme que guardava o cheiro dele. Com esse comportamento, como poderia tirá-lo da cabeça? Cada compasso sugestivo da música movimentava milhões de neurônios, que, ordenadamente, criavam o ritmo do seu desespero. Livre-se de toda música que lhe trouxer recordação do ex-parceiro, *toda*, não deixe nada à mão, ponha tudo num cofre e enterre-o. Delete-a do computador, mude a estação de rádio se tocar alguma delas, torne-se surdo ou surda. Essa revolução "antimusical" assumida lhe fará bem e o ajudará a desintoxicar-se dele ou dela.

CAPÍTULO 5

VEJA AS COISAS COMO ELAS SÃO: TIRE A VENDA DOS OLHOS

*Para ver claramente,
basta mudar a direção do olhar.*

ANTOINE DE SAINT-EXUPÉRY

O PRINCIPAL EQUÍVOCO NAS RELAÇÕES AFETIVAS: VER AMOR ONDE NÃO HÁ

Muitas pessoas recorrem a subterfúgios e cultivam falsas ilusões, o que acaba impedindo que encarem a realidade e assumam o luto: "Não está acontecendo nada por aqui" ou "Está tudo bem comigo". Desajustadas emocionalmente e sustentadas por um bloqueio defensivo, evitam enxergar o problema, que já é óbvio, e se colocam em uma posição de falsa tranquilidade, embora, intimamente, vivam uma turbulência sentimental. O problema delas é que, de tanto se esconderem e mentirem a si mesmas, vão configurando um esquema de fuga que, mais cedo ou mais tarde, não resistirá ao peso dos fatos. Seu método preferido é distorcer a informação e "ver amor onde não há". Isso alimenta um falso otimismo e acalma a tempestade, porque, se o ex-parceiro ainda sentir um mínimo de amor, a possibilidade de conciliação continuará existindo, pelo menos em teoria. Uma paciente argumentava, ingenuamente: "Quando ele reconsiderar a situação, perceberá seu erro e voltará correndo para mim". Como em um conto de fadas ou em um filme romântico hollywoodiano, a mulher ansiava por um reencontro em 3D com fogos de artifícios; esperava que o ex-marido tivesse um *insight* quanto ao seu sentimento por ela e tornasse a amá-la como antes. Infelizmente, no caminho que vai do desamor ao amor (um trajeto muito acidentado), as transformações radicais e categóricas dificilmente acontecem. A realidade costuma ser outra, ainda que não gostemos: se o amor acaba de fato e desaparece até a última gota, é praticamente impossível voltar ao estado anterior.

Quando digo "tire a venda dos olhos", quero sugerir que não construa fantasias amorosas que existem somente na sua imaginação. Às vezes, sonhar custa caro se não tomarmos cuidado. O ideal para a saúde mental é assumir corajosamente a realidade, sem escapismos. É melhor ter uma atitude objetiva e rigorosa mesmo que seja doloroso, pois o sofrimento será *útil e construtivo*, como quando você tira um espinho grande do dedo. Embora isso doa muito, se você o deixar lá a ferida infeccionará; portanto, não há outro jeito. No amor acontece algo parecido, e "a dor, com dor se cura". Se você não aceitar esse "sofrimento útil", poderá bloquear o processo do luto, gerando o que se conhece como um "luto ausente", ou seja, um luto interrompido que aparentemente foi resolvido, mas na verdade não passa de um mecanismo de defesa. Essa calma aparente poderá resultar mais tarde em uma explosão mental e emocional.

Vejamos algumas das formas mais comuns de "ver amor onde não há" e falsificar ou alterar os fatos para suportar, de maneira errada, a ausência do ex.

Ilusão confirmatória: "Sei que você me ama, embora não perceba"

A obstinação levada ao extremo: "Não importa o que você diga ou faça para me mostrar sua indiferença, sei que me ama, só que não percebe". A perturbação afetiva não tem limites. Afirmar que o ex-parceiro nos ama quando ele nos rejeita e nos vira a cara é demais. Isso é uma *ilusão confirmatória*, uma distorção baseada na mais pura arrogância: "Eu defino o mundo emocional das pessoas que amo". Também ouvi a seguinte afirmação de um homem: "Minha ex nunca deixou de me amar, e, como a conheço mais do que ela própria, sei que me ama". O mais triste é que a mulher estava enojada dele e, toda vez que o via, deixava isso bem claro. Como ele reagia a essa evidência categórica de rejeição afetiva? Negando a realidade. Em suas palavras: "Não acredite nela, doutor, ela tem medo de reconhecer que me ama". É impossível processar o desamor do companheiro se nos iludirmos a esse ponto.

Outra paciente sustentava sem rodeios: "Diga o que disser, ele me ama". Eu lhe contei que seu ex-marido me confessara, em consulta, que não só não a amava (nem sequer como amiga) como também que logo se casaria como a nova parceira. Ela ficou quieta por um instante e sorriu com presunção: "Sei o que estou dizendo. Ele só precisa de um tempo". E assim ficou a questão. Ela parou de ir ao meu consultório e, dois anos mais tarde, voltou. Perguntei-lhe como ia sua vida afetiva, ao que ela me disse: "Ele vai se separar logo, logo". Continuava com a mesma teoria do "amor ignorante"! Havia montado um sistema infalível de autoconfirmação. Se os fatos desmentiam sua suposição, ela inventava outra hipótese (*ad hoc*) para reafirmar sua crença de que "Ele me ama, apesar de não saber". Após algumas sessões, tornou a desaparecer, mas posso intuir que ainda continua esperando que o ex "descubra" e "aceite" que a ama e volte para ela.

Inferência arbitrária: "Ele não me odeia, portanto gosta de mim"

O erro aqui é criar um silogismo cuja conclusão não segue a premissa de maneira lógica. "Não odiar" não implica, necessariamente, gostar. Por exemplo, você não odeia seu vizinho, mas nem por isso o ama; ou então pode não detestar alguém e sentir indiferença ou até simpatia por ele. Sendo assim, a frase "Ele não me odeia, portanto gosta de mim" é uma *inferência arbitrária* cujo único fundamento é o desejo arrebatado que uma pessoa sente por outra. Uma paciente me perguntou: "Se ele não me odeia, por que não posso imaginar que volte a me amar algum dia?". Minha resposta foi bem objetiva: "Uma coisa não conduz necessariamente à outra. Seu ex-marido não a detesta, é verdade, mas isso não significa que a ame. Ele poderia lhe dizer: 'Não a odeio, gosto de você como amiga'". Minhas razões não a convenceram, e ela foi à casa do ex implorar outra oportunidade. Seu argumento para tentar persuadi-lo foi o mesmo: "Depois de tudo o que vivemos, você não pode me odiar". O homem foi sincero e lhe disse que a única coisa que sentia por ela era um misto de culpa e pena por vê-la sofrer. Haverá algo mais terrível e desconcertante do que saber que a pessoa amada sente "pena" de você, por mais sincero que seja o sentimento? Alguns de meus pacientes, quando descobrem isso, preferem despertar no parceiro qualquer tipo de emoção que não seja a piedade; há até quem afirme que é melhor ser odiado do que ser alvo de compaixão daquele que amamos. Se você quiser realmente saber se alguém gosta de você, nunca lhe pergunte se "não o odeia", mas sim se "o ama". O amor saudável sempre é afirmativo.

Leitura da mente: "Penso que você está pensando o que eu penso"

Um paciente me confessou, em plena crise de abandono: "Penso que ela pensa o que eu penso, que nos amamos e somos feitos um para o outro". É óbvio que era uma coincidência inventada por um coração apaixonado. A mulher nem o olhava mais, mas ele teimava em fazer uma *leitura da mente* da ex-namorada, só que totalmente sem fundamento. Projetava-se na mulher amada, "deduzia" que "ela pensava que ele pensava" e confirmava toda a sequência emocionalmente a favor do amor. Suas análises beiravam a loucura. Esse triplo salto mortal cognitivo é chamado em psicologia de "metapercepção": "Penso que você pensa o que eu penso...", e assim até o infinito. As vítimas do abandono costumam desenvolver essa análise de pensamentos próprios e alheios, tentando se convencer de que o ex voltará para elas. É só uma questão de tempo. Porém, logo acabam se perdendo: quem está pensando em quem? Onde começou esse emaranhado de reflexões antecipatórias? No entanto, para os carentes de amor, o resultado é sempre satisfatório: "Tudo leva a crer que ele ainda me ama".

Procure não usar a "metapercepção", permaneça no primeiro "penso" e evite as conexões mentais intermináveis. Você não é adivinho, não pode ler a mente do seu ex nem saber o que ele está pensando a cada minuto.

Se você acha que possui dons extrassensoriais para administrar o amor, procure ajuda terapêutica. Uma paciente me confessava: "Eu sinto o que ele pensa, posso detectar à distância". A única coisa que esse amor "parapsicológico" consegue é confundir as coisas e torná-las incompreensíveis. Se quer saber o que seu companheiro sente e pensa, se ainda o ama ou se já cansou de você, pergunte a ele ou observe seu comportamento. Repito: não é necessário recorrer a nenhuma bola de cristal. Quando o desamor se torna evidente, só resta aceitá-lo. Retome sua vida, reinvente-se, concentre-se em seu crescimento e deixe em paz os pensamentos de quem não o ama mais.

AMOR *POST MORTEM*: O BOM, O MAU E O ABOMINÁVEL DE SUA EX-RELAÇÃO

Se você ainda não analisou como foi realmente seu relacionamento, prepare-se e mãos à obra. Aplique o autoconhecimento e ative sua memória autobiográfica. Repasse toda a questão, sem desculpas nem subterfúgios: o que aconteceu de verdade, sem apelar para romantismos de segunda categoria. Pegue papel e lápis e faça duas colunas: (a) as coisas ruins da relação (fatos ou acontecimentos que lhe desagradaram e o afetaram negativamente em algum sentido) e (b) as coisas boas da relação (fatos e acontecimentos que lhe agradaram e o afetaram positivamente em algum sentido). Organize esses dados procurando abranger o essencial da relação e como ela se desenvolveu. Por exemplo, suponhamos que um homem escreva o seguinte sobre sua ex-parceira:

As coisas ruins da relação	As coisas boas da relação
Ela era pouco carinhosa. Ela era uma mãe muito desatenta. A comunicação entre nós era ruim. Ela vivia para trabalhar. Eu não me sentia amado.	Ela era sexualmente ativa. Ela era generosa com seu dinheiro e suas coisas. Tínhamos uma vida social ativa. Ela tinha bom humor. Ela se relacionava bem com minha família.

É importante perceber bem até onde a balança se inclina na ponderação de cada fator. Na tabela citada, aparentemente existe um empate técnico, cinco *versus* cinco. No entanto, nem todos os itens "têm o mesmo peso". Para o homem do exemplo acima, poderia ser muito mais decisivo "não se sentir amado" do que todos os outros fatores positivos juntos. Por isso, é você quem define, segundo suas necessidades mais básicas e íntimas, quão satisfatória foi sua relação amorosa. Há pacientes que, quando fazem as duas listas, preenchem várias folhas na parte das "coisas ruins" e anotam apenas alguns itens na parte das "coisas boas". São os primeiros a se surpreender.

Insisto: pegue papel e lápis e prepare sua lista. Analise seu ex e a relação que manteve com ele, olhe com uma lupa, dê um valor a cada ponto, concentre-se no que realmente o magoou e no que o fez feliz. Se o balanço for negativo, agradeça aos céus que o vínculo tenha sido rompido; se for positivo, faça das tripas coração e continue a lutar pela vida que lhe resta. Você ainda pode começar de novo (não importa sua idade), se transformar e se redescobrir. Não é o fim da sua história, mas sim de um capítulo.

O caso do "ótimo marido"

Como vimos, a distorção da realidade, não importa qual seja sua natureza, é problemática e pouco eficaz. É preciso evitar os extremos e qualquer forma de autoilusão, ainda mais se você estiver ligado a um amor cego. Uma mulher foi ao meu consultório porque seu marido havia "entrado em crise" e saído de casa. Logo depois, soube que o homem andava de namorico com uma jovenzinha que tinha idade para ser sua filha e entrou em depressão profunda. Ela alegou o seguinte: "Perdi o melhor homem do mundo, minha alma gêmea. Foi o maior amor da minha vida... Eu o perdi e não sei o que fazer... Estou desesperada!". Nas primeiras sessões, tive a impressão de que ela fora abandonada por um homem excepcional. Tudo me levava a crer que seu ex-companheiro havia sido um "ótimo marido"; então, pedi a ela que fizesse uma lista das coisas boas e ruins da relação. Aconselhei-a a não ter pressa, porque era importante ser sincera, e a escrever tudo o que sentia, sem autocensura de nenhum tipo. Na semana seguinte, ela me apresentou esta lista:

As coisas ruins da relação	As coisas boas da relação
Ele nunca gostou da minha mãe.	Às vezes, ele era um bom pai.
Paquerava minhas amigas.	Não me agredia nem me insultava e nunca me bateu.
Era eu quem sustentava a família financeiramente.	No meu aniversário, sempre me dava presente.
Ele sempre estava de mau humor.	Era considerado amigo por seus companheiros.
Era muito inseguro.	
Não me dizia que me amava.	
Fazia dois anos que não mantínhamos relações sexuais.	
Ele não me abraçava nem me expressava afeto.	
Às vezes não vinha dormir em casa e não me avisava.	
Em reuniões sociais, se eu queria dizer algo, ele me interrompia.	
Eu sofria muito porque achava que ele me deixaria.	
Meu pai lhe fez um empréstimo e ele nunca o quitou.	
Ele ficou devendo muito dinheiro ao meu pai, porque ia montar um negócio, e nunca pagou.	

Às vezes, escrever é muito mais enriquecedor e produtivo do que falar, pois, ao se fazer isso, o pensamento fica gravado, e podemos voltar para ele, se for preciso. Quando a mulher me entregou a tarefa, disse: "Foi um exercício muito difícil, fiquei ansiosa... Fiz várias listas e ia rasgando. Nas primeiras, tudo aparecia como se tivesse sido maravilhoso, mas percebi que não estava sendo sincera. Enfim, eu tentei, mas estou confusa...". Quando decidimos ser honestos conosco, esse "despertar" assusta e nos preocupa. O resultado da lista a surpreendera. Seu "ótimo marido" não parecia mais o mesmo. Em outra consulta, pedi a ela que preenchesse um questionário: "Vou lhe fazer seis perguntas e gostaria que respondesse "sim" ou "não" a cada uma, independentemente do amor que sinta por seu ex". Sugiro a você, leitor, que também o preencha e o compare com sua relação atual.

É essencial para você que seu parceiro seja afetuoso?	Sim	Não
É essencial para você que seu parceiro goste de estar em família?	Sim	Não
É essencial para você que seu parceiro seja bem-sucedido?	Sim	Não
É essencial para você que seu parceiro seja ativo sexualmente?	Sim	Não
É essencial para você que seu parceiro seja estável afetivamente?	Sim	Não
É essencial para você que seu parceiro seja fiel?	Sim	Não

O resultado deixou minha paciente boquiaberta. Todas as suas respostas haviam sido afirmativas; isso revelava que seu marido não cumpria nenhum dos requisitos considerados vitais por ela.

A seguir, resumo o diálogo que tivemos:

Terapeuta: Você percebe que seu ex não apresenta nenhuma das condições que você considera fundamentais?

Paciente: Sim, percebo, mas eu o amo de qualquer jeito.

Terapeuta: Entendo. Mesmo assim, acho que esse afeto não deve mudar suas prioridades. Amá-lo não "justifica" seu sofrimento. Ainda prefere amar uma pessoa com essas características?

Paciente: (Silêncio.)

Terapeuta: Continue, por favor...

Paciente: Eu o amo!

Terapeuta: Isso nós já sabemos. No entanto, os vazios que você sentia são tão reais como o amor que declara. Uma coisa não exclui a outra: você pode amar alguém e ao mesmo tempo sentir que sua relação está incompleta. Ninguém duvida do seu amor, a intenção do exercício é dar um toque de racionalidade a tanto afeto, é fazê-la encarar seus sentimentos.

Paciente: Vou tentar...

Terapeuta: Fiquei surpreso ao ver o que você escreveu na coluna de "coisas boas". Obviamente, se ele não a maltratou nem a desrespeitou, tudo bem; porém, o ideal seria que ele tivesse comportamentos mais proativos. Ou seja, se você tivesse marcado como positivo "Nunca matou ninguém", seria o desejado. O fato de seu marido não ter matado ninguém não o torna especial e digno de admiração; é o mínimo que poderíamos esperar. O fato de ele não ter batido em você não é uma virtude, é sua obrigação.

Paciente: Você está sugerindo que não tive um bom casamento?

Terapeuta: Não afirmo nem nego. O que pretendo é que veja seu relacionamento de maneira realista e tire as próprias conclusões, sem ilusões nem subterfúgios. Queremos saber *realmente* como foi seu casamento e que tipo de pessoa era seu ex-marido. O amor às vezes nubla a vista e a mente das pessoas.

Paciente: Não sei, continuo confusa. Ele dizia que me amava...

Terapeuta: Talvez seja verdade, mas o que interessa não é tanto se ele a amava ou não, mas sim como a amava, se preenchia suas expectativas, se você estava feliz e se o resultado era bom.

Paciente: Gostar de alguém não é fácil...

Terapeuta: Não se considera capaz de ser amada?

Paciente: Não sei, acho que não...

Terapeuta: O amor que ele lhe dava, com todas as suas carências e defeitos, lhe bastava?

Paciente: Sim, ou não... Na realidade não, mas ele me amava!

Terapeuta: Pense nesta pergunta com sinceridade: você não acha que merecia uma relação melhor?

Paciente: Nunca me dei muito bem no amor, eu me entrego demais...

Terapeuta: Insisto: o importante não é que a amem, mas sim que a *amem bem*, que seu companheiro a deixe feliz, sem magoá-la nem iludi-la.

Paciente: Talvez você tenha razão...

Terapeuta: Sugiro que, durante algumas sessões, nos concentremos na sua dúvida quanto a ser capaz de ser amada ou não, o que acha?

Paciente: Sim, pode ser.

E assim, pouco a pouco, o "ótimo marido" que a mente dela fabricara foi dando lugar a um homem mais real, com virtudes, mas também com defeitos com os quais era difícil lidar. Ela não precisou "odiar" o ex para superar a perda e retomar a vida; bastou equilibrar a balança e ter um conhecimento mais autêntico e racional de sua relação. *A separação é uma situação de crise, e "crise" também significa oportunidade.*

CAPÍTULO 6

AFASTE-SE DOS AMIGOS TÓXICOS!

> *No final, não nos lembraremos*
> *das palavras dos nossos inimigos,*
> *mas do silêncio dos nossos amigos.*
>
> — MARTIN LUTHER KING

Exemplos de amizades tóxicas que podem interferir em seu luto

Todos nós temos "amigos tóxicos". São pessoas que ficam à nossa volta, que nos fazem mais mal do que bem e com as quais, por alguma razão inexplicável, convivemos como se fossem modelos de virtude. Em situações de crise, devemos purificar o ambiente que nos rodeia, eliminando estímulos negativos e nos cercando de afeto e tranquilidade. Uma das regras da cura é esse princípio simples e eficaz. A perda afetiva nos deixa frágeis, em processo de recuperação, e o que menos precisamos é de alguém que ponha sal em nossas feridas e nos perturbe o espírito. Há amigos tóxicos de todo tipo e com várias características. Passamos a vida carregando-os, acostumamo-nos com eles ou simplesmente os perdoamos, pensando: "Devo aceitá-lo como é; afinal, todo mundo tem defeitos". No entanto, o problema ocorre quando esses "defeitos" são altamente prejudiciais à saúde mental e aos nossos interesses vitais. A questão é a seguinte: você não é obrigado a suportar alguém que o perturbe, seja quem for.

A seguir cito alguns exemplos de amigos tóxicos dos quais é melhor se afastar para preservar sua recuperação amorosa. Avalie-os cuidadosamente.

Os que falam o tempo todo do ex-parceiro

Nesse caso, não é você quem escolhe o assunto, são eles. Essas pessoas são especialistas em lembrar você em detalhes de quem foi seu ex. Você quer sair dali, arejar a mente e se libertar dos fantasmas, mas seu amigo ou amiga, em vez de ajudá-lo a encontrar a paz, desfia um rosário de lembranças e fofocas maliciosas que não acaba mais. No fim, desesperado, você pede à pessoa para mudar de assunto, mas ela não muda. O que fazer? É simples: dê um basta e não fique ouvindo passivamente o que não quer. Ou mudam de assunto, ou você vai embora. Caso não consiga lidar com a situação e fique muito irritado, não saia mais com ele ou com ela.

Os que tomam partido do ex

Esses "amigos" ou "amigas" são os piores, porque adoram falar bem do seu ex-parceiro. Enaltecem suas qualidades, como inteligência, beleza e distinção, fazendo você sentir que sua perda foi pior ainda. Às vezes, lançam pérolas do tipo: "Não me leve a mal, mas ele não era para você mesmo". Como se ele fosse tão bom que você não merecesse alguém tão especial. Uma paciente me disse um dia: "Cada vez que saio com minha melhor amiga, fico deprimida. Ela adora frisar que perdi um homem fascinante". Disse a ela que reavaliasse seu conceito de "melhor amiga". Por que conversar com alguém que quer nos destruir? Afaste-se o mais rápido possível desses "defensores públicos". Quando encontrar algum no caminho, diga-lhe sem rodeios que é um chato. Se ele gostar realmente de você, pedirá desculpas e mudará de comportamento. Se não se retratar e continuar a torturá-lo, vá embora.

Os que adoram criticar você

Os amigos que assumem o papel de "juízes" são insuportáveis. Adoram censurar e apontar o lado negativo das coisas quando você lhes revela suas conquistas positivas. Os comentários tendenciosos não têm fim: "Você não devia fazer isso", "Está agindo como um estúpido" ou "Se ele o deixou, a culpa é sua". Não digo que deva estrangular a pessoa que disse isso, embora vontade talvez não lhe falte, mas é importante interromper a avalanche de insultos e críticas, senão acabará acreditando nas lorotas. Por que tem de sentar no banco dos réus para justificar suas atitudes e opiniões? Os bons amigos e amigas nos apoiam, até mentem por piedade, às vezes, e são totalmente objetivos se estamos mal. E, quando ficamos mais fortes, podem até fazer uma crítica construtiva, mas não põem o dedo na ferida inutilmente.

Os que gostam de falar como é difícil sentir saudade

Essa atitude é típica das pessoas que estão sozinhas e projetam nas outras sua tristeza diante da saudade: "Prepare-se, porque essa fase é difícil. Não sei como vai fazer para enfrentar a saudade. É horrível, você vai ver". Esses infelizes merecem um soco na boca para ficarem calados. E depois ainda costumam dizer: "É uma questão de oportunidade, não há muita gente disponível para namorar, e os que você encontra não valem a pena. Os bons partidos já estão ocupados". São aves de mau agouro. A saudade é uma decisão pessoal: se você não quer ficar sozinho ou sozinha, basta sair pelo mundo e espalhar seu perfume. Certamente, alguém o sentirá e acabará enfeitiçado por seu sorriso e seu jeito de ser. Não dê ouvidos aos profetas da amargura.

Os que defendem que a separação é uma coisa horrível

Certa vez, ouvi uma mulher dizer a outra: "A separação é a pior coisa que poderia ter acontecido a você. Mas, coragem, logo vai se recuperar dessa desgraça". E a outra retrucou: "Que desgraça? Eu ganhei na loteria!". Estávamos num bar, e eu na mesa ao lado. Tive vontade de levantar e dar um abraço na que tinha "ganhado na loteria". A amiga tóxica logo mudou de assunto. Não se deixe influenciar pelos que acham que o casamento é uma virtude e os separados são uns coitados que foram expulsos do paraíso do amor. Se metade das pessoas no mundo se separa, deve haver um motivo, e, se grande parte delas não quer se casar de novo, certamente suas razões são válidas. Como diz um provérbio que, embora não seja budista, exalta o caminho do meio: "Nem tanto ao mar, nem tanto à terra". Há casamentos que valem a pena, e outros que são um fracasso. E, se o seu era um fracasso e agora você está livre dele, por que reclama?

Os que só entendem o que você fala se explicar mil vezes

Esses amigos e amigas parecem ter alguma deficiência no processamento da informação. Mesmo que você explique várias vezes, detalhadamente, são incapazes de compreender suas justificativas e desejos mais profundos. É como se não o escutassem, como se a mente deles estivesse presa a ideias e premissas prévias e não conseguisse sair delas e ir até você.

Não perca tempo em explicar o óbvio. Por exemplo: se o seu ex o maltratava física ou psicologicamente, se não o amava, se o traía ou explorava, e seu amigo ou amiga não entende por que o abandonou, procure outra pessoa para conversar. Das duas, uma: ou o interlocutor não é capaz de avaliar seus sentimentos – e então, por que falar com ele? –, ou não dá a mínima para o que você diz – então, por que falar com ele?

Os que são indiferentes ao seu sofrimento

Este tópico é uma conclusão da questão anterior. Todos nós esperamos dos amigos, além de compreensão, afeto. A palmadinha nas costas e um sorriso amável. Um abraço emocionado, um silêncio cúmplice, a certeza de poder contar com eles, ou seja: apoio e consolo. A indiferença não é negociável em nenhum tipo de relação afetiva. Com pessoas insensíveis, a última coisa que você deve fazer é pedir ajuda. Preserve sua dignidade: quem não o ama não o merece. Talvez existam meios-termos, é verdade, mas o mais importante é que esses exemplos lhe sirvam de referência na hora de escolher os confidentes. Certamente, com sua experiência, encontrará outros modelos na categoria de "amigos tóxicos" e "amigas tóxicas". Repito: ninguém tem obrigação de conversar com alguém que o magoe. Se você aprecia muito essa amizade, tente dizer à pessoa que a atitude dela não lhe faz bem; se não observar uma mudança significativa, afaste-se. A amizade é uma bênção, um presente da vida, e não um carma que devemos suportar como um castigo. Faça uma seleção de amigos, permaneça com os de bom coração e os que realmente gostam de você. Toxicidade, fora!

CAPÍTULO 7

ENCARE RACIONALMENTE A VONTADE DE VOLTAR

*Há sempre alguma loucura no amor.
Mas também há sempre um
pouco de razão na loucura.*

FRIEDRICH NIETZSCHE

A reflexão é uma maneira de conter o impulso de voltar com o ex-parceiro quando não é o caso. Responda às perguntas seguintes de forma lógica e realista, mesmo que seja doloroso. O desejo não deve ser a única coisa que determine seu comportamento.

O QUE O LEVA A PENSAR QUE SEU EX MUDOU?

O cemitério está cheio de pessoas com boas intenções. Minha experiência como psicólogo me ensinou que, no amor, a "boa vontade" é necessária, mas não suficiente quando se tenta restabelecer um relacionamento; como já afirmei, a mudança deve ser *cientificamente sustentada*. Aqui vão mais duas questões que merecem ser analisadas: (a) O que exatamente fez seu ex-parceiro para você ter notado uma mudança? e (b) Ele consultou um profissional, recebeu uma mensagem do além ou encontrou uma nova religião? Não podemos basear nossa felicidade conjugal em soluções mágicas, simplistas ou sonhadoras; é preciso algo mais concreto e sólido.

Em meu consultório, o ex-marido de uma paciente ajoelhou-se diante dela e, olhando-a fixamente, confessou: "Falei com Deus e finalmente compreendi que você é meu complemento espiritual". A mulher ficou surpresa e, na sessão seguinte, disse-me: "Fiquei emocionada com as palavras dele. Se ele quer seguir o conselho de Deus e ficar comigo, devo acreditar nele". Expus minhas dúvidas: "Concordo que é emocionante, além de lisonjeiro, ser considerado o complemento espiritual da pessoa que amamos, mas talvez fosse melhor buscar uma referência menos 'transcendente' antes de tomar a decisão de voltar. Convenhamos, inclusive, que ouvir a voz de Deus pode ser uma experiência mística transformadora, mas também poderia se tratar de uma esquizofrenia com alucinações auditivas ou outra patologia. Em princípio, é bom que ele queira mudar, porém sugiro que nos aprofundemos um pouco mais sobre as intenções de seu ex-marido e suas verdadeiras competências, para saber se vale a pena se arriscar". Ela não me ouviu e mergulhou de cabeça na reconstrução de um relacionamento após três anos de separação, usando como ferramentas a vontade e o que restava de amor. Infelizmente, pouco depois, e sem motivo aparente, a voz interior do ex silenciou. O homem voltou a se comportar de maneira inadequada e, em poucas semanas, saiu de casa novamente.

QUANTO VOCÊ MUDOU DEPOIS DA SEPARAÇÃO?

Faça uma análise de sua vida e observe o que mudou em você: será que é suficiente para reatar o relacionamento de maneira adequada? O que há de novo em sua pessoa que antes não existia? Conseguiu alcançar a paz, reavaliou sua visão de mundo, percebeu seus erros, reduziu a ansiedade, amadureceu? Enfim, reflita e tire suas conclusões. Porém, há uma pergunta essencial que, se for respondida com sinceridade, esclarecerá bastante o motivo de sua obsessão por voltar com o ex: por que você quer dar uma nova chance a ele? Há várias respostas possíveis, mas se a razão for alguma das que exponho a seguir, desista, para evitar o pior. Vejamos:

- Se você pretende reatar a relação *pelo bem dos filhos*, saiba que, para eles, sempre é melhor uma boa separação do que uma ligação forçada e superficial. Presenciar duas vezes o afastamento dos pais é uma situação bem conflitante para os filhos.
- Se deseja voltar com o ex *para evitar boatos*, você tem um sério problema a resolver: a necessidade de aprovação é tremendamente destrutiva. Além disso, ninguém dará a mínima para o que acontecer depois.
- Se quer recomeçar *por medo da solidão*, é melhor enfrentar o temor e pedir ajuda, se necessário. Se não consegue ficar sozinho por um período, sugiro que comece a praticar meditação ou a trabalhar sua imaturidade emocional. Porém, há uma premissa que não deve ignorar: *a solidão a dois* é mais difícil de suportar do que a solidão sem companhia.
- Se você quer voltar porque *acha que não conseguirá se relacionar com mais ninguém*, devo dizer-lhe que esse é o pior critério possível: resignar-se ao ex. O conceito de que "mais vale um pássaro na mão do que dois voando" é típico de pessoas desesperançadas. Você precisa ser mais otimista e desenvolver suas habilidades sociais com o sexo oposto. Não que deva entregar-se ao primeiro ou à primeira que aparecer, apenas mostre seus

encantos sem receio para que alguém se deixe seduzir.

- Se em seu anseio de retomar o relacionamento você é movido por *pressões religiosas*, procure ajuda espiritual, converse com um terapeuta e tente entender a situação. Não se trata de voltar por voltar "porque assim está escrito" em algum lugar, mas de considerar seriamente o que é bom para a sua vida, o que sente e o que deseja na realidade.

Você ainda ama realmente seu ex?

É preciso ter muita certeza do que você sente na realidade, quanto sobrou daquele amor e se isso é suficiente para tentar uma reaproximação. O que você sente pelo ex-parceiro? Nostalgia pelo que poderia ter sido e não foi? Apenas carinho? Amizade erótica? Somente amizade? Pena? Uma relação, para ser bem-sucedida, deve sustentar-se em três pilares: desejo (não loucura, mas uma dose considerável de atração e/ou paixão), amizade/comunicação (convivência, humor, projetos comuns) e afeto/compaixão (sentir a dor do outro, querer cuidar dele ou dela). No seu caso, você e seu companheiro ou companheira atendem a esses requisitos?

    Às vezes, o amor permanece em banho-maria, como se estivesse encalhado, e, com um pequeno impulso, pode se expandir e florescer novamente. No entanto, para que isso aconteça, nenhum dos integrantes deve ter marcas causadas por desrespeito ou crueldade. Antes de agir impulsivamente, lembre-se: *o sentimento amoroso não é suficiente para tentar reatar uma ligação*. Não basta os dois se amarem; é preciso saber administrar a vida em comum.

Você tem a paciência necessária para recomeçar?

O dom da paciência não é tão fácil de cultivar. Esperar com tolerância e determinação que a relação prospere e dê frutos, quando houve um histórico de mágoas, requer que a pessoa tenha um espírito especial, quase estoico. Apesar disso, a "perseverança amorosa" tem limites. Paciência não significa resignação nem complacência servil. Por exemplo: não faz muito sentido "esperar" que o parceiro "tome consciência" de que não deve agredi-lo ou que finalmente demonstre amor por você. Há expectativas que são indignas ou estúpidas. Tentar recauchutar uma relação desgastada sempre cria confusão e medo de repetir o fracasso, por isso é tão importante ter uma atitude realista que descarte as falsas ilusões. Em que consiste a paciência? É um coquetel composto de tolerância, integridade e calma. A paciência é uma virtude, desde que não nos desrespeitem nem violem nossos direitos.

CAPÍTULO 8

Cuidado com as relações insalubres depois do rompimento

O amor é como as mariposas: se você as persegue desesperadamente, elas se afastam, mas, se fica quieto, pousam em você.

Rabindranath Tagore

A VULNERABILIDADE APÓS A SEPARAÇÃO

Quando terminamos uma relação amorosa significativa, as defesas do nosso organismo baixam. Ficamos mais frágeis e mais sensíveis a qualquer novo agente estressante ou tóxico. Ficamos também mais vulneráveis, física e psicologicamente. Por um tempo, não somos mais os mesmos, andamos distraídos e nos apegamos a qualquer tábua de salvação. Após o golpe de um adeus não desejado, a fragilidade aumenta e queremos urgentemente substituir o ex para aliviar o sofrimento e a saudade. E é nesse momento que, nem sempre de maneira consciente, buscamos alguém para amenizar a solidão. Mas isso provoca um grande vazio, pois é uma espécie de "amor paliativo". Esses vínculos analgésicos reduzem por algum tempo o mal-estar, a saudade, a ansiedade ou a tristeza, mas não resolvem a questão básica: *elaborar definitivamente a perda e ficar livre e pronto para começar uma vida nova*.

Reflita comigo: você tem alguém em vista? Algum suplente que possa exercer o papel de sedativo emocional? Em caso positivo, analise seriamente suas intenções, porque, segundo todas as informações disponíveis, *um prego não tira outro prego, às vezes os dois ficam presos*. Quando bate o desespero, não raciocinamos bem (a urgência nos pressiona) e recorremos às pessoas que estão mais perto: vizinhos, amigos ou amigas e até velhos amores que, embora não estejam presentes, tiramos da caixa de lembranças e incluímos à força em nossa vida amorosa.

Muita gente corre atrás do primeiro amor, tentando ressuscitá-lo. A impaciência para superar a perda provoca, às vezes, verdadeiros desastres psicológicos. Lembro-me de uma paciente que, angustiada com o rompimento de um namoro de sete anos, resolveu conquistar o irmão do ex, um jovem mais novo que ela, que se deixou seduzir facilmente por seus encantos. O desfecho foi pior do que o de uma telenovela: os dois irmãos acabaram brigando. No fim, ela passou a gostar dos dois e se encontrava com o ex às escondidas. Depois de um período altamente turbulento e doentio, os homens fizeram as pazes e tomaram uma decisão "pelo bem da família": deixá-la de uma vez por todas. Então, minha paciente encarou um duplo luto e uma depressão grave, o que exigiu tratamento psiquiátrico e hospitalização para combater as ideias suicidas. Passado um ano, continua em recuperação. A moral da história é: *só quando você estiver livre do passado amoroso poderá começar um presente afetivo sustentável e saudável.*

SE VOCÊ SE ENVOLVER COM AMIGOS OU AMIGAS DO SEU EX, SERÁ PIOR

Muitas vezes, o envolvimento com algum amigo ou amiga do ex-parceiro oculta uma intenção doentia: o "olho por olho". Um paciente disse à ex-esposa, quando começou a sair com a melhor amiga dela: "Está sofrendo, não é? Pensou que só você podia arrumar outro? Não imagina como estou curtindo essa nova relação!". Vingança a toda prova: "Seu sofrimento me dá prazer" ou "É isso que você merece por ter me abandonado". Se quiser assumir o papel de vingador ou vingadora, lembre-se: "A melhor vingança é ser feliz", o que implica desapegar-se emocionalmente do outro. Autonomia e desapego são essenciais. A melhor coisa a fazer é se afastar do ex e de tudo o que se relaciona com ele ou ela. Cuide de você e procure ser feliz, independentemente do relacionamento passado. Meu paciente, ao contrário, se juntara a uma moça que nem sequer amava, só para magoar a ex-mulher, embora, na verdade, com isso prejudicasse a si mesmo por alimentar um ódio exagerado.

Outra paciente me confessava, angustiada: "Eu fui para a cama com o melhor amigo do meu ex, e ele, ao saber, mandou dizer que não queria mais nada comigo. Eu me sentia sozinha, abandonada, e, sei lá, caí na cilada... Agora o perdi para sempre. Não sei o que fazer". Infelizmente, não havia outra saída além de aprender a lição e resignar-se com uma perda irrecuperável. Sair em silêncio e aceitar que não era mais amada e que, depois do seu "deslize", tudo fora por água abaixo. Tinha de curtir sua dor sem anestesia, um luto difícil e real. Se você precisa de um ser humano para consolá-lo, procure alguém que não conheça seu ex-parceiro, quem sabe até de outro planeta?

Durante o luto, os amores antigos só criam mais confusão

Como já mencionei, os "amores antigos" funcionam como mortos-vivos durante o luto. Aqui não é possível reencarnar ninguém, só exumar o corpo. É o caso do primeiro amor, que geralmente conservamos num santuário em banho de formol para que permaneça intacto e possamos usá-lo como estepe. Enquanto não o vemos, tudo continua como era antes, em animação suspensa, mas, quando ficamos frente a frente com ele ou com ela depois de um período prolongado, levamos um susto: nosso amor eterno envelheceu! Certa vez, tive um "encontro amoroso" desse tipo com minha primeira namorada e o resultado não foi nada agradável: ela não parava de olhar para minha barriga e eu, para seus dentes. Quando nos encontramos, dissemos em coro: "Como o tempo passa!". Desenterrar amores antigos costuma causar uma profunda decepção, tanto no aspecto físico como no psicológico. Aos poucos, vamos percebendo mudanças na personalidade da pessoa que foi nossa grande paixão e que, com o tempo, nos incomodam: os interesses e objetivos são outros, o humor não é o mesmo (as piadas não caem bem como antes) e não há mais uma sintonia de mentes. A prova disso é que oitenta por cento ou mais das conversas giram em torno das "velhas lembranças". É como se só existisse um passado concreto ao qual se apegar e um presente nebuloso impossível de definir. A longo prazo, o que resta é uma desagradável sensação de fracasso e a decepção com uma realidade que não prevíamos. Isso nos leva a concluir que é melhor olhar para a frente do que para trás.

Uma paciente tinha reatado com seu primeiro amor havia dois meses. Depois de vinte anos, um dia se encontraram e, como ambos estavam sozinhos, decidiram se aventurar em águas passadas. Por azar ou por sorte, a tentativa não teve sucesso porque o homem, que na juventude era ateu e esquerdista, agora era profundamente religioso e mais favorável à direita. A mulher, por sua vez, era progressista e agnóstica, e o casal logo passou a se desentender, com discussões profundas e acaloradas sobre o aborto, os direitos das minorias, a eutanásia e a existência de Deus. Com tantos desacordos, tornou-se impossível construir uma relação satisfatória. O passado belo e idílico foi sufocado por um presente altamente contraditório e incompatível. O anseio de recuperar o amor antigo não foi suficiente: as crenças e as divergências filosóficas pesaram mais.

CAPÍTULO 9

AUTOCONTROLE, SUOR E LÁGRIMAS: APRENDA A RESISTIR

> *A primeira grande batalha é a conquista de si mesmo.*
>
> ANÔNIMO

A CONVICÇÃO DA RUPTURA: LUTE CONTRA O IMPULSO DE ESTAR COM O EX

Essa estratégia de enfrentamento consiste na disposição básica de dizer "não" quando a saudade do outro nos invade. A ideia é, por meio da reflexão, criar uma motivação para não se deixar vencer pelo desejo, que é contraproducente. Isso não o elimina, mas o enfraquece. A premissa é a seguinte: *se você já rompeu definitivamente com seu parceiro, deve agir como se ele ou ela não existisse mais para você*. Lembre-se: *ele não está mais ao seu lado*, e, se precisar chorar, chore, mas não faça castelos no ar. Se assumir que a relação acabou, de nada adianta ceder a um desejo irracional de rever a pessoa ou resgatar o relacionamento. Crie a convicção profunda de que não sucumbirá, como uma força que brota do seu âmago e exclama categoricamente: "Chega!". Não digo que seja fácil, mas lute contra o impulso de estar com ele ou com ela. Você pode afirmar decididamente: "Eu sou forte, não vou atrás do meu ex como um viciado atrás da droga". Repita até entrar em sua base de dados: "Não vou me deixar levar pela vontade de vê-lo ou vê-la". É o que acontece com um indivíduo obeso que resolve emagrecer a qualquer custo: sua mente constrói um padrão irreversível de emagrecimento, tão vital quanto viver ou morrer. A pessoa se arma de um esquema de resistência, como diziam os gregos, uma "cidadela interior" governada por você. Quando tomamos decisões com a alma, elas se transformam em uma fortaleza, em um reduto intransponível: "Não vou me curvar, haja o que houver". Desamor e dignidade até as últimas consequências.

CONFIE EM SUA CAPACIDADE

Quando estiver sozinho, diga aos quatro ventos até ficar rouco: "Sou capaz!". Capaz de quê? De reinventar a vida, de recomeçar, de não tornar a ver seu ex-amor nem pintado, de voltar a se apaixonar um dia de modo saudável, de ser feliz, respeitando sua essência, e de continuar vivendo plenamente. Você é capaz de muitas coisas, só precisa experimentar. Há pessoas que, quando sofrem uma perda afetiva, sentem-se fracassadas, frágeis. Essa "retração" psicológica é uma maneira de se defender, como se a mente dissesse: "A vida é instável e perigosa, então vou me expor um pouco menos, me isolar". O afastamento pode ser uma reação estratégica para que o organismo se recupere, mas não exagere. Reúna forças, mas não se esquive em sua vivência cotidiana. Por mais que tente fugir, uma hora terá de enfrentar a situação. Não se isole o tempo todo. Respire fundo, levante a cabeça e retorne ao campo de batalha. Seu lema deve ser: "Confio em mim, em meu potencial". Acredite que conseguirá realizar seus objetivos, superar os obstáculos, resgatar sua autoestima e encontrar um novo amor. Se você gosta de orar, peça apenas isto: "Autoconfiança". Creia em você acima de tudo, e o outro virá naturalmente.

Resistência, resistência, resistência...

Não pense que esquecerá seu ex-parceiro e assumirá sua nova condição de "separado" ou "separada" de um dia para o outro. Para superar a situação, você precisará de uma boa dose de persistência. Dará dois passos para a frente e um para trás, ou quatro para a frente e dois para trás, mas, com o tempo, a oscilação será positiva. Você vai hesitar, às vezes andar em círculos, mas no fim, se agir com seriedade, conseguirá sobreviver. À medida que se fortalecer interiormente, a perda doerá cada vez menos. Ou seja, seu aprendizado será progressivo, para desenvolver sua capacidade de persistência. Não ceda imediatamente ao primeiro impulso de voltar para o ex. Tente ganhar, nem que seja um round: é assim que começa. Se sentir uma vontade incontrolável de falar com ele ou com ela, pare, contenha-se e reflita por alguns minutos. Caso já esteja com o celular na mão ou tenha acabado de acessar o Facebook, pise no freio e avalie seu comportamento por um instante. Desligue o computador ou solte o telefone e vá dar uma volta. Não obedeça àquela vozinha que lhe sussurra: "Vamos, ligue agora!". Resista e *afaste* a ideia que o consome. Se não for capaz de dar um não definitivo, adie a urgência da situação: "Vou ligar à tarde", e assim descobrirá uma coisa interessante: *durante esse intervalo de autocontrole, por menor que seja, será você quem ditará as ordens.* Com o tempo, o período se estenderá cada vez mais.

A situação é semelhante a quando você sente medo de algo e quer se afastar depressa do estímulo que o apavora. Se o que o ameaça não põe em perigo sua saúde física e mental, você pode ficar ali e usar a estratégia de "habituar-se" para não dar o braço a torcer tão facilmente.

A proposta é a seguinte: não corra de imediato, tolere a adrenalina por um momento para que o organismo vá se acostumando a ela. "Suporte e abstenha-se", como dizia Epiteto, mesmo que seja por pouco tempo, porque, nesse breve período, embora curto, você vencerá o medo.

Resumindo: *diga ao impulso, ao desejo ou à urgência emocional que você ainda não se entregou e tem um resto de dignidade.* Se desenvolver o autocontrole, poderá lidar com a ansiedade. Uma paciente me contava: "Um mês atrás, não conseguia ficar um minuto sem ligar para ele, e hoje posso aguentar uma semana. Sei que ainda preciso melhorar, mas estou progredindo". Esse é o caminho da independência. Não é uma solução definitiva, mas é mais fácil lutar quando se tem algum controle sobre o comportamento do que quando não se tem nenhum. Há mais uma coisa: ao constatar que é capaz de resistir, seu autoconceito se torna mais positivo e se fortalece, e com isso você se sente melhor. Poderá dizer: "Um dia sem sofrer por você é uma vitória, uma batalha ganha". E, quando menos esperar, terá derrotado a tentação.

Ponha em prática a "evitação saudável"

Embora seja verdade que as dificuldades se vencem enfrentando-as, há algumas evitações que são recomendadas e saudáveis. Quando você se vê impotente diante do imponderável e seus recursos internos e externos não funcionam, talvez a melhor alternativa seja correr. Essa "fuga racional", circunstancial e concreta, não é covardia, mas inteligência adaptativa. Entrar na boca do lobo só para "ver o que acontece" pode ter um custo muito alto, principalmente no amor. Por exemplo: se você ainda mantém contato com seu ex-parceiro esperando que o amor se reacenda, saiba que entrou numa fria. A fórmula "Seremos só amigos, nada mais", quando o coração continua comprometido e esperançoso, é um ato masoquista e insensato. Uma paciente me dizia, referindo-se ao seu relacionamento com o ex: "Nós não temos mais nada, só sexo...". Só isso! Ela estava se enganando, porque cada relação sexual, sem afeto e sem amor, era uma tortura para ela. Em circunstâncias como essa, a melhor opção é interromper a situação "amorosa" que o magoa (*time out*) e evitar qualquer tipo de vínculo até superar o luto, ou seja, *absolutamente nada de ex*.

Desacelere o pensamento e crie um diálogo interior

É importante diminuir o ritmo do processo perceptivo, observando-o como se fosse um filme em câmera lenta, e analisá-lo passo a passo para não haver distorções. Quando você esfria o pensamento, consegue identificar os erros e inconsistências do seu modo de pensar. Esse recurso não visa a mudar seu comportamento imediatamente, mas sim a permitir que o observe, compreenda e situe no contexto: o que o detona, qual é seu conteúdo e quais são suas consequências. A ideia é contrapor a razão à emoção até onde for possível, concentrando-se no pensamento e aprofundando-se nele. Algumas perguntas que estimulam o diálogo interior são: "Por que estou me sentindo assim?", "Esse modo de pensar é útil ou não para mim?", "Até onde estou fugindo da realidade?" "Será que não estou enganando a mim mesmo?".

Por exemplo, em vez de ativar recordações da mulher que amava, diga a si mesmo: "Sou um imbecil, só fico pensando nela". Ou então faça uma pausa e tente esta sugestão: "Sei que é difícil não pensar nela. Meus pensamentos turvam minha razão e faço coisas absurdas. Porém, se ela não me ama, por que continuo alimentando a ilusão de reencontrá-la? É hora de recuperar a dignidade, me afastar de uma vez e descobrir por que ajo compulsivamente. Talvez não tenha tolerância suficiente à frustração e precise aprender a encarar a solidão... ou será que minha personalidade é obsessiva? Se minha ex disse abertamente que não me ama, por que não acredito? O que me leva a ignorar a evidência? Vou pensar nisso com mais calma e, se não conseguir resolver sozinho, procurarei ajuda profissional". Esse tipo de análise, seja você homem ou mulher, tem duas vantagens: não enfraquece sua autoestima e lhe permite refletir racionalmente sobre o que acontece em seu íntimo. Mesmo que não encontre uma solução imediata, o importante é tentar sem se maltratar, para equilibrar o sistema mental.

Resumindo: o objetivo, portanto, é acalmar a mente e agir com consciência, pensar antes de tomar uma atitude e refletir a respeito. Procure perceber como a própria mente o conduz ao autoengano. Quando a saudade do ex bater à sua porta, não acate suas ordens como um escravo ou escrava, procure pensar de modo sensato e ponderado. Faça uma avaliação objetiva: prós e contras. Pense para onde vai, o que exatamente busca e se sua meta se baseia nos fatos ou na realidade. Converse consigo mesmo, faça perguntas e tente respondê-las. Se você reagir com desespero: "É que eu a amo (ou o amo)!", use a razão, de modo que o pensamento inteligente se torne um dique de contenção. Sente-se num lugar confortável, respire fundo e situe seu sentimento no contexto. Poderia dizer, por exemplo: "Talvez seja melhor me acalmar antes de agir". Algumas pessoas preferem anotar seus pensamentos racionais ou adaptativos e relê-los depois para que ganhem força. Se não quiser ou não permitir, seu sentimento pelo ex não conseguirá mandar em você.

Modelagem encoberta e ensaio mental

Quando a tristeza ou a angústia começam a incomodá-lo seriamente, você pode recorrer à *modelagem encoberta* para combatê-la. Esse exercício consiste em imaginar a si mesmo agindo de maneira correta, fazendo exatamente aquilo que não era capaz de fazer. Para exemplificar, cito o caso de uma paciente que, depois de dois anos de separação, ainda tinha esperança de voltar com o ex-marido, apesar da indiferença dele. Após deitar-se e relaxar, ela começou a criar uma série de imagens construtivas em que se via lutando corajosamente contra a vontade de estar com ele e tentando se respeitar. A seguir, transcrevo a sequência que ela imaginou e verbalizou:

> Agora estou sentada na poltrona da casa dele, e ele me diz que continuo a mesma incapaz de sempre. Eu, em vez de ficar calada e abaixar a cabeça, como faço normalmente, paro, vou até ele e digo, fitando-o nos olhos: "Trate de me respeitar, ouviu? Já não tenho o menor interesse em você. Não há nada entre nós nem haverá nunca mais". Neste momento percebo quanto tempo perdi tentando consertar as coisas e que não sou uma pessoa tão desprezível para ser tratada assim. Ele me dá as costas com indiferença e não me sinto mal como em outras ocasiões.

Não dou a mínima e vejo tudo com clareza: ele não me ama nem merece meu amor. Então me levanto e digo: "Não quero mais ficar aqui". E vou embora sem mágoas! Saio para a rua que me pertence, para a cidade que é minha, para o mundo em que vivo! Não digo: "Que coisa, por que tenho que me afastar dele se o amo?". Mas sim: "Estou livre de um amor que me escravizou durante anos". Vejo a mim mesma feliz e com uma vida pela frente. Dessa vez não entrei no jogo dele, não deixei que me maltratasse.

Se você fizer esse exercício duas ou três vezes por dia, ganhará confiança e ficará mais tranquilo. Não se trata de autoilusão, mas de enfrentamento. Você será seu próprio modelo, desde que se comporte como deveria. Já foi comprovado que essa estratégia reduz a ansiedade, atenua a tristeza e aumenta a autoeficácia. Quanto mais você praticar o comportamento positivo, mais facilidade terá para colocá-lo em prática. Não é uma panaceia (nem uma técnica isolada), mas, aliada a um pacote mais amplo de recursos, ajuda a aliviar o sofrimento durante o luto amoroso.

CAPÍTULO 10

PROCURE UM "EU AUXILIAR" PARA APOIÁ-LO

*Amigo é aquele que me socorre,
não o que se compadece de mim.*

THOMAS FULLER

Um ser querido que o mantenha conectado com a terra

Se você precisa de alguém que o console e lhe dê forças para continuar, procure uma pessoa que atenda pelo menos a dois requisitos: (a) que tenha apenas um laço fraternal com você; e (b) que lhe dedique uma amizade incondicional. O "eu auxiliar" (que nem sempre pode ser encontrado) é um suporte afetivo, e por isso deve ser alguém compreensivo que esteja disposto a aguentar seus chiliques e crises emocionais. Como você sabe, eles não têm hora para acontecer. Daí, você sente falta de um abraço, de um carinho, de um chá quente, de um confidente que o apoie mesmo que esteja errado (ao menos enquanto durar a crise). Enfim, uma mente aberta que levante seu ânimo de forma leal e sem esperar nada em troca.

Se o seu "eu" se desconfigurou, você precisa de outro disco rígido que se conecte ao seu, um amigo ou parente, um ser amável que o ampare quando se sentir fraco ou inseguro. Por isso, seja bastante humilde ao pedir ajuda a essa pessoa. E não me refiro a ajuda profissional, pois nenhum psicólogo ou psiquiatra poderá socorrê-lo o tempo todo, nem mesmo por telefone. Falo desse companheiro ou companheira de desventuras que lhe estende os braços desinteressadamente.

Procure não se entregar a um luto crônico, ou seja, evite o turbilhão de pensamentos negativos que se retroalimentam e o empurram para baixo, deixando-o cada vez mais infeliz. O luto crônico ocorre quando permanecemos presos à depressão e à tristeza por tempo demais. Se esse for o seu caso, procure ajuda profissional para sair desse quadro patológico.

Um bom "eu auxiliar" deve ser carinhoso, paciente e ter bom senso para não criar situações extremas. Lembro-me de um paciente que pediu ajuda a seu melhor amigo, o qual, separado havia alguns meses, nutria um ressentimento tão grande pela ex-exposa que acabou por generalizá-lo a todo o sexo oposto. Seus "conselhos" favoritos eram: "As mulheres são todas cadelas!" ou "Eu, se fosse você, perturbaria a vida dessa imbecil!". O confidente não deve encher a cabeça da vítima de ressentimentos nem aborrecê-lo com lições insalubres de todo tipo, mas ser um observador amável, sensato e discreto. Se o "eu auxiliar" estiver pior do que você, é preferível continuar sozinho.

Vejamos algumas situações típicas em que a presença do "eu auxiliar" é especialmente importante:

- Quando você está prestes a dar o "último telefonema" ao ex, *o qual, pela enésima vez, o fará sentir uma cruel rejeição*. Nesse caso, a função do outro "eu" é distraí-lo e lembrá-lo de que é melhor atirar o celular pela janela para não se arrepender depois. Não importa que você já saiba isso "teoricamente": a voz da pessoa amiga e suas palavras, mesmo que sejam repetidas, o ajudam a recuperar o autocontrole.

- Quando, às três da manhã, você começa a se perguntar *até que ponto, na verdade, você é responsável pelo rompimento* e entra numa espiral ascendente de autoflagelação: "Sou um desastre mesmo!", "Foi tudo por minha culpa", "Não sei amar", "Ninguém vai me querer mais" e por aí vai. Nesse momento, o que você precisa é de alguém que o convença de que não é o principal culpado, que não é um malvado incorrigível e que seu ex nunca foi um modelo de virtudes. Alguém que lhe diga em voz alta, escreva em letra gótica e lhe sussurre em vários idiomas: "Você é inocente".

- Quando você sente a esperança despontar e, ao amanhecer, ao ver os primeiros raios de sol, *começa automaticamente a pensar que, talvez…* uma segunda oportunidade, uma terceira ou quarta proporcionassem uma solução definitiva. Ou seja: sua dignidade vai por água abaixo. Nesses casos, o "eu auxiliar" deve trazê-lo urgentemente de volta à realidade para encarar a triste desilusão: "Não funcionou nem funcionará mais". Você vai chorar de modo inconsolável até cair em si e se livrar desse ataque de esperança absurdo, pelo menos por algum tempo.

- Quando *quiser compartilhar o silêncio cúmplice, um filme ou um almoço*. Ou seja, ficar em companhia de alguém que o aceita incondicionalmente sem exigir nada em troca.

- *Quando quiser comentar que se sente um pouco melhor*. Refiro-me àqueles dias bons em que você se sente renascer e quer gritar isso ao mundo com toda a força. Seu "eu auxiliar" será o receptor inicial de seu alívio e alegria.

- Quando está desanimado, sem tomar banho há dias, e apenas come e se arrasta pelo apartamento com a mesma roupa e os mesmos pensamentos.

Nessa hora, você precisa de alguém que o sacuda e se encarregue de sua higiene pessoal. *Alguém que o ponha na frente do espelho para que você se assuste com seu aspecto* e tome consciência do problema.

- Quando estiver carente de afeto e necessitar urgentemente de mimo e carinho, o "eu auxiliar" pode ser de grande ajuda. Peça-lhe um "bombardeio de abraços". Sem aviso nem explicações, a outra pessoa deve abraçá-lo várias vezes, de maneira intensa e demorada. Uma chuva de abraços fortes e carinhosos.

Enfim, quando alguém deixa de nos amar e a saudade aperta, é uma bênção contar com um companheiro a bordo que nos ajude a atravessar o sofrimento.

É importante esclarecer que o "eu auxiliar" não deve alimentar a dependência: *é apenas uma ajuda provisória, enquanto você se fortalece.* Apoie-se nele ou nela, mas não o transforme numa muleta permanente. Que essa ajuda seja um ponto de arranque para você ser cada dia mais livre e independente. Ninguém pode fazer por você o que é de sua responsabilidade. Há, inclusive, pessoas que não precisam de apoio nenhum e seguem adiante sozinhas, mas nem todos têm a mesma integridade, e isso não é motivo de vergonha. Conheci indivíduos extraordinários que, sem o amparo de algum amigo ou parente, teriam sofrido bem mais durante o luto.

Embora você não acredite, sempre haverá alguém que o ame

Em pessoas inseguras, a separação pode gerar um processo altamente nocivo à saúde mental. Elas interiorizam o fracasso afetivo e o atribuem a uma espécie de malformação amorosa e categórica: "Não sei amar". A generalização é profundamente destrutiva: "Se falhei uma vez, continuarei falhando". Isso as leva a se afastarem de qualquer relacionamento, pois se sentem "marcadas" pela vida. Uma paciente me confessava: "Tenho medo de que alguém me conheça de verdade e descubra quem sou". Perguntei-lhe quem ela pensava ser, e ela respondeu: "Sou uma fraude". Uma pessoa que vive com essa carga de autodepreciação e baixa autoestima só pode atrair uma conclusão fatalista: "Meu destino é a solidão afetiva".

Se esse é o seu caso, talvez esteja entrando numa depressão e precise de ajuda. Seja como for, recorra à inteligência emocional que lhe resta. Apesar dos tropeços e devastações da separação, sempre há uma reserva afetiva e cognitiva que nos ajuda a seguir adiante. A sugestão para sobreviver nesse período é a seguinte: *se seu ex não o ama mais ou sua relação terminou, sempre haverá alguém disposto a amá-lo de forma mais saudável e verdadeira*. Seja você como for, rico ou pobre, feio ou bonito, sempre haverá alguém que valha a pena e com o coração aberto para recebê-lo (desde que não se feche em si mesmo). Você é mais desejável do que imagina, garanto. Além disso, tem a vantagem dos sobreviventes do amor: já sabe *o que não quer num novo relacionamento*. A experiência do luto lhe dará, entre outras coisas, mais lucidez sobre o processo amoroso. Já aprendeu que não deve abrir mão de seus valores intrínsecos. É ali que mora sua força, se é que ainda não percebeu. Ali reside sua capacidade de oferecer a um novo amor algo maravilhosamente coerente: "Sou isto, dou isto e quero isto". Seu "eu" desapegado, genuíno e profundamente coerente.

Não declare sua falência afetiva, não se isole para fugir dos cobradores, uma batalha não é o fim do mundo.

Não digo que devamos passar obrigatoriamente por uma desilusão amorosa para encontrar um par que valha a pena, mas errar uma vez não significa que erraremos sempre. Sinta-se íntegro, digno de ser amado como merece, não perca o autorrespeito, não compre amor. Atire as redes como um bom pescador. Não se esconda, libere seu perfume, solte seus feromônios descaradamente, entre de cabeça na vida, passeie, divirta-se, viaje e sinta-se especial. Se quiser, repita para si mesmo, como um mantra a favor da autoestima: "Que sorte terá a pessoa que eu amar!". Não fique de braços cruzados nem diga: "Quando será que vou encontrar alguém que valha a pena?"; apenas aja, procure concretizar esse sonho, sem ansiedade nem desespero. Espalhe para o mundo que você existe.

Lembro-me de que, num momento difícil da minha vida, conheci uma mulher maravilhosa. Ela se apresentou a mim desta forma: "Sou um presente que a vida lhe trouxe, aceite-me!". Nunca encarei a atitude dela como de egolatria nem arrogância. Nosso relacionamento, enquanto durou, foi uma espécie de cura: ela me tirou da letargia e me ajudou a crescer. Chamo a isso de "empurrão amoroso": um ser humano que surge de repente, assume você e o leva pela mão quando não é capaz de andar sozinho. Um presente, um anjo?

CAPÍTULO 11

É PROIBIDO CASTIGAR-SE!

> *A suprema felicidade da vida é a convicção de ser amado por aquilo que você é, ou melhor, apesar daquilo que você é.*
>
> Victor Hugo

O CUIDADO PSICOLÓGICO

Além de perder seu companheiro, talvez você tenha perdido um pouco do amor-próprio. Muitas vezes, a perda afetiva é acompanhada de uma reflexão invasiva e severa por parte das vítimas, que ficam relembrando e reconsiderando diversos episódios do passado, e nem sempre de maneira positiva. Tentando encontrar um motivo que justifique a separação, geralmente personalizam as causas e se colocam no centro da autocrítica. Isso pode durar dias, semanas ou meses e até virar um hábito permanente. Insisto: esse processo não acontece com todo mundo, mas, quando ocorre, prejudica a saúde mental da pessoa, levando-a a sentir ódio de si mesma e uma culpa torturante: "Errei em tudo", "Sou um desastre", "Não mereço ser feliz" e ideias semelhantes que aparecem e são profundamente maléficas.

Se você está nessa fase, deve interromper esse processo negativo e se avaliar de maneira mais generosa. Concordo que você não é um modelo de virtudes, mas daí a ser um desastre e se enfiar no fundo do poço há muita diferença. Aceite que é uma pessoa normal: tem características boas e ruins, como todo mundo, e comete acertos e desacertos; não é anjo nem demônio, é apenas alguém que sofreu uma perda amorosa, está magoado e triste. Então, o melhor a fazer é não cutucar a ferida. Não se torture nem se castigue, porque, embora não acredite, você merece o melhor pelo simples fato de estar vivo. Errou? Então aprenda com a experiência. Tem saudade do ex? Aguente e combata a nostalgia, pois logo passará. Sente-se sozinho ou sozinha? Recorra ao afeto dos familiares, amigos ou conhecidos. Não se mortifique em nome do amor ou do desamor, não vale a pena; e, quando cair em si, talvez se arrependa ao perceber quanto tempo perdeu inutilmente. Minha sugestão é: controle sua autocrítica sendo mais benevolente com você. Espero que, em seu processo de perda afetiva, não haja vencedores nem vencidos.

AS ATITUDES NEGATIVAS QUE VOCÊ DEVE EVITAR PARA NÃO SE MAGOAR

Uma das primeiras coisas a fazer para sair da crise é começar a se ajudar. Quanto mais você se maltratar e se culpar por aquilo que deveria ter feito ou dito, mais cultivará a depressão e a apatia diante da vida. Aqui vão algumas dicas: fuja terminantemente da autopunição psicológica. Se quiser se criticar, aja de maneira respeitosa e construtiva, sem prejudicar sua autoestima. A autopunição indiscriminada é um tipo de suplício que você não merece. Vejamos algumas atitudes e pensamentos negativos que são altamente contraindicados para o bem-estar emocional.

"Não mereço ser feliz"

Embora pareça absurdo, há pessoas que se apegam ao sofrimento e fazem disso uma espécie de culto. Acostumam-se à amargura como se fosse uma fatalidade e afastam de sua vida qualquer vestígio ou manifestação de felicidade. A alegria e a tranquilidade lhes são estranhas porque acreditam não ter direito a elas. Uma paciente me dizia: "Quando estou bem com meu marido, preciso fazer algo para me sentir mal e estragar tudo. Sei que isso é errado, mas é mais forte do que eu e não consigo evitar: brigo, discuto, crio problemas e fico insuportável". Será masoquismo? É possível, além de sadismo, pois o parceiro ou a parceira também sofrem.

Há indivíduos que carregam nas costas um pacote de problemas, organizados por ordem de dificuldade, e, ao resolverem o primeiro da lista, passam para o segundo e assim sucessivamente. A questão é que as dificuldades nunca terminam, porque a cada dia é adicionado um novo item, e assim sempre haverá fonte para nutrir a angústia. A mente dessas pessoas funciona basicamente como um centro de resolução de problemas: "Já resolvi um, agora vamos ao próximo". Não há descanso; as contrariedades e complicações se entrelaçam sem dar trégua. Não sobra tempo nem espaço para o bem-estar ou a tranquilidade da alma.

Uma paciente, já um tanto idosa, justificava assim seu comportamento pessimista: "Já me acostumei com a infelicidade; então, quando eventualmente sinto um pouco de tranquilidade, logo me pergunto: "E agora, o que vai acontecer de ruim?". Infelizes e videntes do "azar", como se o universo ou algum tipo de providência devesse retribuir-lhes o bem com o mal. A conclusão é terrível: para evitar desgostos e infortúnios, é melhor se afastar da felicidade ou de qualquer de suas manifestações; por exemplo, do amor saudável. Para esses "defensores da infelicidade", é muito difícil encarar o amor como uma experiência plena e saudável. Elas passam o tempo todo reclamando e se apegando mais ao aspecto negativo do que ao positivo da relação. Acham que garrafa está sempre meio vazia, em vez de meio cheia, e não sabem administrar o relacionamento afetivo, com tudo o que isso implica. Seu modo de amar e lidar com o despeito ou a separação está atado à infelicidade e ao conflito como uma profecia autorrealizada: o ex ou a ex permanecerá em seu cérebro como uma carga justa e merecida. Esse desatino amoroso tem, basicamente, duas causas, que se complementam:

- Ter recebido uma educação em que o prazer, em qualquer de suas manifestações, foi restrito ou reprimido, criando um modo de pensar orientado para um estoicismo mal interpretado: "Viver é sofrer; e amar, mais ainda". Esse esquema anti-hedonista cria uma incapacidade de administrar o prazer, baseada na seguinte premissa: "Amar muito e desfrutar os sentimentos é perigoso". Nessa ótica, sofrer pelo ex-parceiro se torna uma maneira de expiação ou fortalecimento do "eu".
- Ter baixa autoestima. Ocorre quando a pessoa, desde a mais tenra idade, cria um estereótipo de si mesma (esquema) em que prevalecem o isolamento e a autopunição motivacional. Ela apresenta um comportamento inseguro, negativista e pouco confiante de suas ações. Um paciente comentava: "Como posso ser feliz? Sou feio, fracassado, ignorante e pouco interessante. Que felicidade existe para mim? Por isso sou assim: circunspecto, não sorrio, não demonstro meus sentimentos e evito os prazeres mundanos. Esse é meu jeito de suportar uma vida que detesto". Quando sua namorada o deixou, ele não se

cansava de dizer: "É compreensível: eu, no lugar dela, faria o mesmo".

Se você quer viver um relacionamento amoroso, deve ter alegria para compartilhar, disposição para aproveitar os bons momentos, sorrir, aventurar-se de maneira responsável, improvisar e usar a criatividade ao máximo. A tristeza destrói o amor num instante. Estudos revelam que uma relação afetiva saudável nos ajuda a ser felizes, fortalece-nos interiormente e nos proporciona motivação positiva. Então, como você quer embarcar num amor que valha a pena se nega a si mesmo a oportunidade de ser feliz? Não importa o que tenha feito nem qual tenha sido sua experiência no amor, você merece ficar bem, mesmo que se sinta culpado e se repreenda o tempo todo porque foi abandonado por aquele homem "maravilhoso" ou aquela mulher "excepcional". Seu ex não é a pessoa mais indicada para estipular até onde você deve ir nem para julgar se você merece ou não ser feliz. Esqueça-o. Foi apenas uma circunstância em sua vida, uma experiência a mais que não marcará seu destino.

Certa vez, disse a um menino, lançando-lhe um desafio: "Vamos, seja feliz, quero ver. Apenas seja feliz!". O garoto ficou pensativo por alguns segundos, sem desviar o olhar, e de repente sorriu abertamente. Essa representação da felicidade que ele "esboçou" é muito bonita: se for espontâneo, sorria quantas vezes quiser, até os músculos ficarem cansados. Distribua sorrisos sempre que puder, mesmo que eventualmente não esteja bem: de manhã e à noite, aos desconhecidos, às estrelas, aos velhos e aos jovens, ao seu reflexo no espelho, às pessoas que ama e também às que não ama tanto. Elas os devolverão a você. Não dê sorrisos forçados, mas autênticos, desses que brotam e explodem inevitavelmente no rosto. Se fizer isso, encontrará um ponto de convergência onde a paz interior se funde com a alegria. Será um bom começo.

"Sou um mau parceiro"

O que é ser um bom parceiro? É ser capaz de ter um bom relacionamento sexual e oferecer amizade, carinho e atenção. Mas, embora a maioria das pessoas concorde com esses pontos, cada casal define "bom amor" conforme suas expectativas e propósitos pessoais. Você pode ser insuportável afetivamente para uma pessoa e ser um companheiro ou companheira excepcional para outra. O relativismo amoroso existe e torna-se evidente em sua história de amor. Se olhar para trás, verá amores e ódios incondicionais de seus ex-parceiros. O que significa ser um mau parceiro? Entre outras coisas, é ser desonesto, egoísta, infiel, indiferente e agressivo com seu par. Embora provavelmente todos concordem com esses pontos negativos básicos, não podemos esquecer que, muitas vezes, o "mau" de uma relação pode ser corrigido se o problema não for tão grave, ou seja: *podemos aprender a ser parceiros adequados*. É impossível aprender a se apaixonar munido apenas de força de vontade e boas intenções, mas, ao contrário, é possível aprender a conviver de modo pacífico e saudável com quem se ama.

Não viemos para este mundo por alguma força sobrenatural nem recebemos nenhum manual de instruções para viver a dois, embora gostemos de estar em família e de ter alguém para compartilhar a vida. Portanto, mesmo que você tenha sido malsucedido várias vezes em relações amorosas, pode alterar sua suposta "predestinação" para conseguir uma união saudável. Para isso, há inúmeras modalidades de terapia de casal.

Assim, antes de cair na conversa de seu ex de que você não é capaz de viver a dois, pense bem: reconsidere suas críticas, analise-as com cuidado e avalie sua credibilidade. Assuma sua presunção de inocência. Como já disse antes, às vezes, as pessoas que se separam decidem incriminar o outro para se livrar de toda a culpa e não ter de assumir os erros alheios. Sua melhor ferramenta é o *autoconhecimento*: saber quem você é, quais suas qualidades, seus defeitos, quanto precisa mudar e crescer para iniciar uma relação saudável e bem-sucedida. A sinceridade é fundamental, o que não significa que deva se reprimir, basta se observar abertamente, sem pudores.

Se alguém lhe perguntar: "Você é um bom companheiro?", você pode responder: "Depende de quem for meu parceiro". Uma paciente comentava comigo, depois de dois anos de separação: "Meu primeiro marido dizia que eu era péssima na cama, que não me interessava pelas coisas dele, que era chata e pouco solidária. Hoje, meu novo companheiro diz que sou ótima amante, que lhe dou apoio e sou honestíssima. No entanto, posso garantir que continuei sendo a mesma o tempo todo. Não mudei nadinha no meu modo de me relacionar afetivamente. Acho que, no amor, cada qual vê o que quer". Em grande parte, isso é verdade: tudo depende da lente com que seu parceiro o observa. Seu comportamento pode ser avaliado de formas diferentes por uma pessoa ou por outra. Portanto, não encare a opinião do seu ex como palavra final.

O conceito de mau parceiro também pode vir de indivíduos que tiveram perdas afetivas ou relações muito sofridas. Uma paciente se queixava de sua má sorte: "Tive três relações, e sempre sou abandonada. Deve haver algo horrível comigo para que sempre aconteça a mesma coisa. Acho que eles se cansam de mim por algum motivo". Depois de estudá-la detalhadamente, concluí que ela se considerava uma mulher frágil e insegura e por isso procurava homens fortes e poderosos que tomassem conta dela. Para "compensar" seus déficits, envolvia-se com sujeitos fanfarrões e egoístas que a usavam e depois a deixavam de lado porque, paradoxalmente, a julgavam fraca. Só conseguiu melhorar seus relacionamentos quando começou a se sentir mais segura de si e a escolher os parceiros sem tentar compensar nada. Ela não era uma *má parceira*, era uma *mulher frágil*.

Não se rotule, por favor. A questão é a seguinte: *só se aprende a ser parceiro vivendo a dois*. É um treinamento emocional. Não se repreenda dizendo: "Não sou um bom parceiro". Pense no que está afirmando antes de se rotular e tente não usar conceitos globais que afetem sua autoestima: concentre-se nas atitudes concretas que precisa mudar. Por exemplo: em vez de afirmar categoricamente: "Não sei amar" ou "Sou um desastre como parceiro", diga: "Vou tentar ser menos egoísta e escutar mais meu companheiro" ou "Vou procurar um terapeuta para melhorar minha vida sexual". Enfim, tome atitudes concretas, sem fazer classificações generalizantes que o afetem negativamente.

"Não sou uma pessoa normal, pois me separei"

Uma paciente foi ao meu consultório porque estava muito deprimida. Quando pedi a ela seus dados pessoais, aconteceu uma coisa importante do ponto de vista psicológico: no momento em que quis saber qual era seu estado civil, ela enrubesceu, baixou a cabeça e sussurrou: "Separada". Em seguida, olhou-me por uns segundos e repetiu: "Separada". Era evidente que se envergonhava de sua condição. Perguntei-lhe por que agia daquela forma e ela respondeu: "Não sou uma pessoa normal, pois me separei". É óbvio que essa crença sobre sua vida afetiva e sobre ela mesma a bloqueava social e emocionalmente. Ela carregava uma espécie de marca, como no romance de Nathaniel Hawthorne, *A letra escarlate*, cuja protagonista é uma mulher adúltera que era obrigada a usar sempre a letra "A" (de "adúltera") no peito como forma de punição moral e social. Minha paciente, apesar de não viver no século XVII, agia como se exibisse no peito a letra "S" (de "separada") e até imaginava que as pessoas murmuravam às suas costas e a apontavam. Após algumas sessões, descartei qualquer tipo de paranoia e descobri, surpreso, que, por incrível que pareça, ela era de fato discriminada pelas pessoas à sua volta, já que morava numa cidade especialmente conservadora. Quando se separou, a família se afastou dela, assim como muitos amigos e amigas. Simbolicamente, a letra "S" existia mesmo em seu ambiente. Era segregada por homens e mulheres, como se, por haver terminado o casamento, fosse uma pessoa contaminada e contaminadora. O ex-marido tinha um caso com a professora de seus filhos e, quando a mulher lhe pediu que a deixasse e tentassem recomeçar, ele propôs que continuassem casados e mantendo as aparências, sem ele desistir da amante. Ela não aceitou ser cúmplice de semelhante despropósito e exigiu que o marido fosse embora. Essa foi sua "culpa" e sua "transgressão". Ele não tinha de ostentar nenhuma letra no peito. Após vários meses de terapia, minha paciente conseguiu se livrar de duas relações doentias: seu meio social e o ex-marido, que, pouco depois, quis reatar o relacionamento e foi expulso por ela. Finalmente, passou a cuidar de si mesma e dos filhos com coragem e determinação. Merecia ser cumprimentada e carregar no peito a letra "V" de "vitória"! Sua tendência autodestrutiva se transformou em autoaceitação, embora a moral e os "bons costumes" dissessem o contrário.

Diante de certo tipo de pressão social, clara ou dissimulada, muita gente se sente "diferente" e isolada por ter rompido o relacionamento. No entanto, quando processada de maneira consciente e responsável, a separação é mais um ato de inteligência e maturidade do que uma desgraça. Não tem sentido tentar salvar uma união ruim e problemática a qualquer custo, pondo em jogo a própria dignidade. Além disso, é uma falta de respeito consigo próprio.

Não dê ouvidos a argumentos arcaicos. Não se sinta mal por agir de modo coerente com o que pensa e sente. Você é livre para resolver sua vida afetiva, é o único responsável por suas decisões e comportamentos, doa a quem doer. Se não está violando os direitos de ninguém, incluindo os seus, não se envergonhe de tentar ser feliz.

CAPÍTULO 12

Crie seu próprio ritual de despedida

> *Poder dizer adeus é crescer.*
> Gustavo Cerati

A CERIMÔNIA DO ADEUS

O luto afetivo é uma forma de despedida, de aceitação profunda de um adeus, para buscar um novo sentido na vida, em que a realidade vença o desejo. Não existe luto saudável sem realismo nu e cru. Um dos processos que ajudam bastante a se desapegar do ex-parceiro são os rituais, que consistem em atos simbólicos que nos levam a ficar em paz com a pessoa ausente.

No caso do luto amoroso, o ritual é uma "cerimônia", não para reafirmar o vínculo, como no caso de alguém que morreu, mas para confirmar e processar definitivamente o rompimento. Esse reconhecimento "protocolar", aliado a uma profunda e intensa atividade emocional, tem o objetivo de eliminar qualquer vestígio de ilusão ou esperança inútil e estabelecer um distanciamento definitivo por parte do enlutado. Os rituais ajudam a aceitar os acontecimentos, a liberar a dor e a "limpar" o passado antes de seguir adiante. É bom dizer que esse reconhecimento da perda não será fácil, mas você acabará admitindo que ir atrás de coisas impossíveis é algo insensato e inútil. No fundo, todo luto é uma maneira de "aprender a perder" com dignidade.

O ritual que você escolher para trabalhar a perda pode ser público ou privado, não importa. Uma paciente que decidiu acabar com seu sofrimento de mais de dois anos esperando o ex-parceiro fez um "enterro simbólico". Com as duas melhores amigas, foi a um parque e, num lugar descampado, enterrou uma bolsa contendo fotos e alguns objetos do ex. Depois, plantou uma árvore em cima. As amigas a abraçaram, choraram, uma meditou e a outra rezou com ela. Durante uma consulta, ela contou-me a façanha, dizendo: "A verdade é que me livrei dele, de suas lembranças, de um fardo. Plantei a árvore porque, depois de tanta angústia e sofrimento, achei que poderia nascer algo bom. E, quando rezei, senti Deus próximo a mim". Foi um rito leigo, mas profundamente espiritual. Lembre-se: você deve acreditar no que cria. Em outro caso, um homem teve uma espécie de catarse narrativa. Escreveu uma carta enorme à ex, queimou-a à beira do mar e espalhou as cinzas na praia. Nesses momentos litúrgicos, as pessoas sofredoras se apegam a um pensamento decisivo para a saúde mental: "Cansei de sofrer", "Cansei de você" ou "Cansei de esperar". A fadiga terapêutica destrói todas as células e nos põe em estado de alerta. O corpo, em sua sabedoria, se nega a continuar sofrendo por alguém, e o ritual é um meio de promover uma transformação pessoal.

O mundo não é feito de rosas, como descobrimos a duras penas; ou, se for, há mais espinhos do que pétalas macias. É preciso muita maturidade para enfrentar a realidade de uma perda, qualquer que seja. A mente fica perdida entre o que é ("Meu parceiro me deixou") e o que eu gostaria que fosse ("Quem sabe ele volta para mim?"). Quando seu ex desaparecer para sempre da sua vida, você entrará num novo período, com novo começo e nova identidade (não será mais parceiro de ninguém, nem marido, nem esposa, nem namorado, nem namorada, nem amante, será você mesmo, em nudez total e sem falsas esperanças).

Vade-mécum de rituais personalizados

Como já mencionei, os rituais nos ajudam a tomar consciência da realidade e a nos situar no aqui e agora de maneira objetiva e sem devaneios queixosos. Vejamos alguns exemplos do que as pessoas fazem para pôr um ponto final no sofrimento criando "cultos" personalizados, que, embora formalmente sejam diferentes, têm o mesmo objetivo: encerrar definitivamente o vínculo. Não tente encontrar "lógica" nesse processo, porque o contexto desses atos é alegórico e particular. O que funciona para um não funciona necessariamente para outros.

Cartas e poemas sem destinatário

Um paciente escreveu um livro de poesias sobre a dor que sentia por sua esposa tê-lo abandonado. Chamou-o de *Livro ao vento*. Eram cerca de cinquenta poemas, dos quais não fez cópia. Durante um mês e meio, lançou um por dia da varanda de sua casa. Toda manhã, depois de tomar café e fumar um cigarro, jogava um poema do oitavo andar do apartamento onde morava e, chorando, via-o descer, arrastado pelo vento. Segundo ele, nesses momentos não pensava em nada, eram apenas "pedaços dela que iam embora". Após essa experiência, seu sofrimento logo se arrefeceu.

Em outro caso, uma paciente mais idosa, quando seu amante a deixou sem a menor justificativa, decidiu escrever uma "Carta aos meus futuros ex". Descarregou toda a sua indignação em uma espécie de manifesto. Imprimiu 1.222 cópias, que era o número de dias que o casal ficara junto, e distribuiu-as na entrada do metrô e nos arredores de sua residência. Segundo ela, só quando entregou a última carta conseguiu sentir um alívio profundo e reparador. Durante uma consulta, perguntei-lhe se ainda pensava nele, e ela respondeu com a maior tranquilidade: "Para mim ele morreu, ou melhor, é como se nunca tivesse existido". Um computador e uma impressora foram mais eficientes do que várias sessões de terapia.

A estratégia do serralheiro

Um paciente, cuja namorada o deixara porque se apaixonara pelo primo, voltou à Pont des Arts, em Paris, para onde viajara com ela numa ocasião, e procurou obstinadamente o cadeado que os dois tinham pendurado após jurar amor eterno. Com o auxílio de uma pinça e movido pela raiva, conseguiu abri-lo e jogou-o no rio, repetindo para si mesmo entre uma lágrima e outra: "Não a amo mais, não a amo mais, não a amo mais...". Em seguida, tirou do bolso uma cerveja e brindou ao fim do amor, concretizado naquele momento.

Crematórios leigos

As pessoas que praticam esse tipo de "exéquias" não pretendem homenagear o morto, mas a si mesmas. Desejam "volatilizar" simbolicamente seus sentimentos negativos em relação ao ex-parceiro. O procedimento consiste em colocar num recipiente um objeto com forte conotação afetiva e relacionado ao ex e incendiá-lo até virar cinzas. Um paciente fez isso com uma echarpe da ex-namorada que ela lhe emprestara num dia muito frio e ele guardara com todo o carinho. Como o objeto ainda conservava o perfume da mulher, o homem decidiu vesti-lo por um momento, cheirou-o e colocou-o numa pequena urna de metal, dentro da banheira onde fizera amor com ela várias vezes. Chorou, despediu-se, encharcou-a com álcool e ateou fogo, ouvindo sua canção preferida.

Trata-se de um ritual piromaníaco, sem dúvida. Enquanto observava a echarpe queimar-se, ele dizia a si mesmo: "Eu sou maravilhoso, e você me perdeu, me perdeu...". Como se pode notar, sua autoestima estava elevada. A partir daí, o homem passou a pensar raramente nela, e, quando pensava, conseguia lidar com a situação.

Festas de despedida

Lembro-me de que, no final do filme *Filadélfia* (1993), protagonizado por Denzel Washington e Tom Hanks (ganhador do Oscar de melhor ator), toda a família e os amigos se reúnem, após a morte do protagonista, para homenageá-lo e se despedir dele respeitosamente. Eles assistem a um vídeo que retrata a infância do morto, enquanto comem e bebem num ambiente amável e cordial. Os parentes estão tranquilos: "Ele foi em paz, era uma pessoa incrível... Para onde quer que tenha ido, estará melhor". O sentimento é de esperança saudável e alívio. Será possível agir de modo semelhante no caso de um rompimento amoroso? É válido comemorar? Em minha experiência como psicólogo clínico, vi muitos casos em que a perda afetiva é "abençoada" pelos pacientes, e o que se festeja não é a pessoa ausente, mas a pessoa que renasce ao assumir seu papel de "separado" ou "separada" em liberdade. A quebra do vínculo pode liberar o "enfermo" de anos de sofrimento, e por isso, às vezes, o termo "enfermo" deveria ser substituído por "abençoado" ou "abençoada". Uma paciente virou a casa de cabeça para o ar quando o marido, um homem muito complicado, infiel e agressivo, decidiu ir embora com a amante. Ela decidiu tornar pública sua alegria e organizou uma festa em grande estilo e sem reservas. Seu objetivo não era se vingar, mas expressar sua felicidade por poder voltar à vida. Pendurou cartazes com a frase "Sou livre!" e preparou todos os pratos de que gostava e o ex, não. Comprou um vestido rosa-choque curtíssimo e usou-o sem sutiã, o que seu parceiro nunca permitira. Uma atitude ousada e simpática, apoiada pelos amigos e amigas. Minha paciente homenageava a si mesma, num ato de amor-próprio e autoaceitação. Por que não fizera isso antes? Por puro medo de errar e depois se arrepender. O amor patológico não permite a reflexão. As justificativas que impediam sua decisão eram as mesmas usadas por pessoas submissas e inseguras, que vivem presas a relações fracassadas: "Existem casamentos piores", "Ele não é tão horrível assim", "Ele é o pai dos meus filhos" ou "Vou ficar sozinha". Nesse último aspecto, as previsões alheias falharam, porque ela já tinha um pretendente à vista havia três meses. Às vezes, alguém tem de tomar a decisão pelo outro, principalmente quando um deles está inseguro. Comemorar o fim de uma relação ruim é reafirmar a autonomia, torná-la explícita, ousada e aberta. Como já disse em outros livros, há desamores que emancipam afetivamente a pessoa que deixou de amar ou que não é mais amada.

Ritual de purificação

Um paciente, cansado de sofrer pela ex-companheira, depois de quatro meses de separação e sem esperança de reconciliação, decidiu eliminar de seu apartamento qualquer vestígio da antiga parceira. Pegou todas as coisas da mulher e mandou entregá-las na casa dela. Além disso, resolveu "desinfetar" a casa de ponta a ponta. Contratou duas faxineiras para ajudá-lo, comprou produtos de limpeza, sabão, esfregão, limpa-vidros e alguns pacotes de incenso para fazer o que chamou de "um rito de purificação". Certa vez, ele me disse: "Não sobrou nada, nem o menor indício dela. Troquei toalhas, lençóis, cobertores ou qualquer objeto que ela tivesse tocado. Não sobrou nada. Cada lugar que eu limpava era como se estivesse limpando uma parte da minha mente, como se me livrasse de qualquer vestígio que ainda me restava na memória. Em seguida meditei, ouvi música sacra, vesti uma roupa branca e deitei no chão. Tudo ficou imaculado... foi incrível". Poucas horas depois daquele curioso ato de "purificação", o sofrimento sumiu completamente. O ritual de "limpar-se da outra pessoa", "livrar-se da carga", dera resultado. Ele nunca mais sofreu pela ex.

As "inundações" ou implosões emocionais

Preciso alertá-lo sobre esse ponto. Algumas pessoas acham que, caso se "inundem" de tudo o que desperta o sofrimento ou a memória do outro (música, fotos, cheiros, sabores, vídeos, objetos especiais), o organismo acabará "absorvendo-os" ou processando-os até desaparecerem.

Baseado em minha experiência, não recomendo a ninguém fazer isso se não estiver supervisionado por um terapeuta com experiência em técnicas de inundação. Esse procedimento é bem-sucedido em muitos casos, mas só quando é devidamente acompanhado por profissionais altamente qualificados. Caso contrário, a implosão pode criar um efeito exatamente contrário àquele que se esperava, levando o paciente a "sensibilizar-se" em vez de "dessensibilizar-se", o que o deixará pior. Não é necessário ativar a memória emocional até explodir. Há centenas de maneiras de tirar o ex da cabeça e do coração sem se submeter a riscos inúteis.

Rituais pela internet: "feitiços informáticos"

Também não recomendo os milhares de "feitiços" que se encontram na internet, alguns dos quais são francamente perturbadores e perigosos para a saúde física e mental. O pensamento mágico não o levará a lugar nenhum; no máximo, produzirá um efeito placebo que o fará sentir-se melhor por um tempo, mas o problema continuará ali, encubado e criando raízes. Confie na ciência e em suas competências. Se não conseguir se desapegar do ex, procure um profissional qualificado, seja perseverante, mas não se deixe seduzir por métodos estranhos e sobrenaturais. Nem os duendes, nem as fadas, nem as poções o ajudarão a recuperar sua autoestima.

CAPÍTULO 13

OFEREÇA-SE UM PRESENTE, RELAXE, MEDITE E CUIDE DO CORPO

*Amar a si mesmo é o início
de um romance para toda a vida.*

OSCAR WILDE

Presenteie-se descaradamente

Sim, descaradamente, sem pudor e de maneira quase atrevida. Quando você achar que merece, ofereça uma recompensa a si mesmo. Pode ser algo material ou verbal. Às vezes um simples pensamento basta: "Eu arrasei!", "Este vestido fica deslumbrante em mim!". Ou então: "Se eu fosse outra pessoa, gostaria de mim!". Muito egocêntrico? Não importa, é só por um tempo, para aumentar sua autoestima. Por que não se elogiar e fazer do seu "eu" um templo ou um pequeno forte? Por exemplo: "Hoje não liguei para aquele idiota, tirei-o da minha vida por 24 horas (começa por aí). Portanto, vou me convidar para um jantar maravilhoso". Por que não? Se o seu ex não está mais a seu lado, por que não se mimar com uma boa refeição e um delicioso vinho? Por acaso ele levou consigo sua alma, seu corpo e parte do seu cérebro? Você é especial, sinta-se especial, aja como uma pessoa especial. Então, descarte a autopiedade e crie um espaço atraente com as coisas de que sempre gostou. Se adora sorvete de chocolate, tome dois ou três: brinde à sua saúde. Quem disse que deve abrir mão de suas guloseimas só porque seu ex se foi? O sorvete é mais gostoso quando o tomamos sozinhos, calados, concentrados no sabor e no prazer de degustá-lo. Você com você mesmo, cara a cara. Sinta seus olhos brilharem sem precisar de ninguém para lhe fazer companhia.

Faça sua lista de privilégios, de prêmios e de reforços, inclua tudo o que ama de verdade e acredite que você merece. Não insira nada pela metade. Presenteie-se com aquilo que lhe dá maior satisfação, desde que não prejudique sua saúde. Administre o prazer saudável sem culpa nem recato. Não deixe para amanhã. Presenteie-se hoje por estar vivo. Assim você vai se preservar, ativar sua autoestima e eliminar qualquer vestígio de autopunição. Um paciente me dizia: "Como vou me presentear se mal consigo sobreviver, se não tenho vontade de fazer nada sem ela?". Minha resposta foi a seguinte: "A primeira etapa para sair do buraco é *dominar* a depressão, e isso implica combatê-la e fazer tudo de que você gostava antes, mesmo que agora não veja muito sentido nisso ou não sinta motivação. Aos poucos, vai recuperar o interesse pelas coisas que lhe davam prazer. É o contrário do que você pensa: não deve '*se sentir bem*' para começar o autorreforço, *é dando-se prazer e bem-estar que se sentirá bem*. Mesmo que seja difícil, sua mente acabará criando a possibilidade de resgatar a autoestima e se livrar da tristeza. Não se esqueça: *ela não era tudo*". A boa notícia é: há vida depois da separação, há vida depois do ex! Guarde esta frase de François Rabelais e torne-a seu guia: "O homem vale tanto quanto o valor que dá a si próprio".

Outro aspecto essencial é manter o humor. Não o deixe de lado, ainda que seja um humor negro e obstinado: o importante é que sirva para canalizar a amargura. Inclua em sua vida piadas, trocadilhos, contradições oportunas, metáforas e situações absurdas. Não estou sugerindo que desfrute o sofrimento, mas que aprenda a rir de si mesmo sem se ofender. Não seja como esses indivíduos arrogantes e formais que se levam muito a sério e fazem cara de importantes até para espirrar. Há uma frase anônima que vem muito a calhar: "Se a vida lhe der mil motivos para chorar, mostre a ela que você tem mil e um motivos para sorrir". Não falo de um otimismo irracional e exagerado, mas de procurar enxergar as contradições e valorizar as coisas engraçadas ou cômicas. Um budista disse a uma de minhas pacientes que na próxima encarnação ela teria a oportunidade de resolver seu problema com o ex. A mulher, assustada, respondeu a ele: "Meu Deus! Você quer dizer que vou me encontrar outra vez com esse monstro? Sinto muito, prefiro me converter ao catolicismo. Se for assim, uma vida basta!". E soltou uma gargalhada, compartilhada pelo budista. O humor tem três vantagens: levanta nosso estado de espírito, é uma distração e nos afasta das pessoas tóxicas e angustiadas, porque elas detestam o humor. Pratique-o para ter saúde mental.

Relaxe ou medite tanto quanto puder

A tensão e o estresse danificam seu organismo. Durante o luto, a mente flutua entre o passado (o que fiz de errado, a culpa) e o futuro ("Será que ele vai voltar?", "Como vou suportar a saudade?", "Poderei viver sozinho?"). No capítulo "Eu só penso em você", vimos como é importante controlar os pensamentos negativos (tendência à depressão) e recorrentes (tendência à ansiedade) com relação ao ex. Existe uma infinidade de exercícios físicos para relaxar. A meditação, a ioga ou o *tai chi chuan* ajudam na busca da paz interior. Encontrar amigos e parentes ou assistir a um filme divertido (não dramas românticos) ajuda a combater o ciclo das perguntas sem respostas que constantemente nos fazemos nessa fase.

    Algumas pessoas se acostumam com o estresse e acham que esse é seu estado natural. O sofrimento vira hábito. Não precisa ser assim. Lembro-me de um paciente que me procurou porque ultimamente "se sentia estranho". Depois de analisar o caso a fundo, concluí, surpreso, que ele estava bem e, por isso, sentia-se "estranho"! Estava tão acostumado a viver ansioso e estressado que, quando começou a experimentar alguma paz, ficou confuso. Não faça como ele. Não se acostume à tensão. Uma de minhas pacientes relaxava praticando dança do ventre; outro, jogando xadrez nos parques; e uma adolescente se acalmava lendo poesia em grupo. Cada um descobre um caminho para driblar o estresse.

Mantenha o corpo saudável

Na fase da separação, há pessoas que se descuidam do corpo fisicamente. Como estão desanimadas, não têm estímulo para se exercitar: "Para que viver sem ele ou sem ela?". A negligência com o "eu" é bastante comum nas depressões e pode gerar sérios danos à pessoa. Você não é uma filial de ninguém nem precisa de alguém que o ame para encontrar sentido na vida. Alimentar-se bem, ter uma boa noite de sono e se cuidar só trazem benefícios, física e psicologicamente. Fumar demais, recorrer a drogas ou exagerar no álcool serve apenas para retardar o processo de aceitação. Sua mente perderá a lucidez para encarar a situação e tomar decisões adequadas.

    Uma paciente dizia: "Para que tomar banho, pentear o cabelo ou me arrumar se ele não está mais aqui?".

Eu retruquei: "Por que não se arruma para você mesma, para se olhar no espelho e se sentir maravilhosa aos seus olhos, e não aos dele?". Ela não entendeu. Em sua cabeça, só era possível ficar linda para o homem que amava, e ela faria tudo por ele, apesar de estar arrasada. Passados três meses desde o rompimento, mudara substancialmente: parecia mais velha, tinha olheiras, emagrecera dez quilos e mostrava-se pálida. Arrastava os pés ao caminhar e sua roupa estava larga, suja e amassada. Se um indivíduo expressa o sofrimento interior por meio da negligência pessoal, há duas consequências negativas que só servirão para confirmar sua crença de que é infeliz e pouco querido.

Uma delas é quando olhamos no espelho e nos assustamos com nossa aparência. Minha paciente, ao ver sua imagem de corpo inteiro, disse: "Não é à toa que ele foi embora!". Lembrei-a de que, antes da separação, seu aspecto era muito mais agradável, mas não consegui persuadi-la. Nesses casos, a mente insiste em convencer a pessoa de que seu estado é sofrível. Isso é autoflagelação afetiva.

A segunda consequência, de caráter social, se revela no *feedback* das pessoas. Se seu olhar, sua expressão facial e corporal, sua voz e sua aparência em geral inspiram piedade, as pessoas sentirão pena por você: "Coitado, como está mal!", o que o levará a comprovar que é digno ou digna de compaixão. Um paciente concluiu, ao notar como seus amigos o tratavam: "É natural que ela tenha deixado de me amar: ninguém gosta de um traste como eu". É a mente, mais uma vez, nos conduzindo à autoagressão.

Se você não come, ficará desnutrido e acabará tendo de lidar com uma doença, além da angústia. O mesmo acontece se não dorme e se abandona as rotinas diárias para se isolar e se lamentar. Se descuidar da aparência, ficará mal por fora e por dentro. O que deseja provar? Que não merece ser amado ou amada? Quer acabar com sua autoestima, destruir sua autoimagem, eliminar sua individualidade, reduzir ao máximo sua humanidade? Para quê? Seu ex foi embora, é verdade, mas você tem uma coisa maravilhosa que ninguém pode lhe usurpar: sua pessoa. Se ele ou ela não estão mais presentes, você está, assim como sua vida, seus sonhos, seu potencial, sua humanidade.

A questão é a seguinte: se você não gostar de si mesmo, ninguém gostará; se não se amar, ninguém o amará realmente; se não se respeitar, acabará sendo desrespeitado. Este é o jogo: ao irradiar sua essência, você influencia positiva ou negativamente o que está à sua volta. Pode criar um ambiente repleto de bem-estar ou um nicho depressivo. Comece pelo mais básico, não abaixe a cabeça, não se deprecie, enfeite sua vida, embeleze seu ser.

CAPÍTULO 14

ASSUMA O CONTROLE DE SUA VIDA E REINVENTE-SE

*A vida não é encontrar a si mesmo.
A vida é criar a si mesmo.*

GEORGE BERNARD SHAW

Crie um novo projeto de vida pessoal

Há momentos na vida em que devemos entrar num "estado revolucionário", ou seja, transformar radicalmente as estruturas e os paradigmas cognitivos que bloqueiam a mente, renovar nossa visão do mundo e as crenças básicas que carregávamos até então. Imagine um peixe pulando de um aquário para o mar aberto: esse é o impacto de uma mudança radical. É uma transformação em que reajustamos nosso ser porque percebemos claramente que a realidade em que vivíamos não é mais a mesma. Se as coisas ao seu redor se modificam e você continua igual, acaba ficando estagnado e passa a perseguir a própria sombra ou a do seu ex.

Nessa fase de recuperação, você sentirá cada vez menos interesse pelo ex-parceiro. É o início da desvinculação. Concentre sua energia em viver intensamente e aproveitar ao máximo as oportunidades que surgirem. Faça uma leitura atualizada do seu dia a dia, assuma o controle, revise os velhos propósitos e crie outros. Examine a fundo seus planos antigos e verá que muitos deles devem ir para o lixo. E, nesse processo de renovação, talvez você descubra algo que sempre teve, mas havia abandonado: a liberdade emocional. Uma liberdade nova e, para muitos, desconhecida.

Você aprenderá que não precisa de alguém lhe sussurrando palavras bonitas no ouvido e que pode ser feliz sem ele ou sem ela. Começará a soltar-se dos grilhões que o prendiam ao ex.

Antes de pôr em prática seu projeto de vida, faça--se duas perguntas básicas: *O que quero fazer da vida?* e *O que realmente me agrada?* Ultimamente, você pensou tão pouco em si mesmo que talvez seja difícil responder com naturalidade. Uma paciente me dizia: "Doutor, você me pergunta o que eu quero da vida e quais são minhas metas. Na verdade, nunca pensei nisso. Todos os meus pensamentos eram para ele...". Sua dependência emocional nunca lhe permitiu perguntar-se *o que ela queria, para ela.* Não digo que tenhamos de esquecer as pessoas à nossa volta, mas sim que não se esqueça de você. Se sua vida girava em torno do ex, agora passará a girar ao seu redor; sem egoísmos, de forma sensata e prática. Uma coisa é certa: para amar os outros de modo saudável, primeiro é preciso fortalecer sua autoestima.

O que você quer fazer? Quer estudar? Dedicar-se a algum trabalho em especial? O que gostaria de fazer a qualquer custo? Sei que nem sempre é possível virar a mesa e assumir imediatamente um antigo sonho; no entanto, é importante tomar consciência de seus desejos mais íntimos e seguir o caminho adequado. Por exemplo, se, na juventude, você queria aprender um instrumento e agora não tem tempo por causa do trabalho, não desanime. Use seu tempo livre, aproveite cada segundo para se dedicar ao que sempre quis. Ponha uma coisa na cabeça: nunca é tarde. Prefere uma atividade social, espiritual, comunitária? Sempre gostou de ler? Quer montar um negócio? Aprender a cozinhar pratos exóticos?

Não importa, tudo é possível. Agora que sua mente voltou a lhe pertencer, pense: o céu é o limite. Elabore um plano inspirado pelo coração, sem esquecer a razão. Ninguém precisa ter um parceiro para enfrentar a vida. Respire fundo e defina um espaço de "eu mais eu", onde não caiba seu ex.

Você já está passando por uma transformação profunda. Observe o processo e desfrute-o. A única coisa a fazer é cruzar os braços e esperar que as coisas mudem sozinhas. Repito: sua vida deu um giro de 180 graus. Cada dia você será mais independente. Sacuda a poeira e dê a volta por cima. Lute pela felicidade. Recupere as velhas paixões e invente outras. Mergulhe de cabeça no mundo. Encha-se de otimismo e esqueça aquele homem ou aquela mulher que não lhe deu trégua.

A VIDA CONTINUA:
PROCURE, EXPLORE, SURPREENDA-SE

Se você já chegou a essa fase do luto, não é mais a mesma pessoa. Algo o provocará, fazendo-o destravar seus sentidos e motivações: a curiosidade. A maioria das pessoas, depois de se afastar do ex e chorar copiosamente, sente muita vontade de recuperar o tempo perdido. É como se quisessem saborear e aproveitar cada momento da existência. Como o peixe que descobre o mar ao pular do aquário, você saltará da depressão e da tristeza para o mundo dos prazeres do qual se esquecera. É verdade que nem todas as feridas estarão cicatrizadas. Também haverá contratempos, lembranças inoportunas, mas serão cada vez menos incômodas e dolorosas. Se fraquejar, apoie-se no autorrespeito e na dignidade, que continuam fortes. Não tenha medo: procure, explore, investigue. Não estou sugerindo que você se atire compulsiva e loucamente em experiências de uma noite. Falo de outra espécie de "aventuras", ainda não afetivas, que lhe permitam entrar em contato com o mundo e com as pessoas de forma amigável e pacífica. Afaste todo tipo de violência física ou psicológica: nem ódios nem vinganças. Quando afirmo "a vida continua", quero dizer que você vai compartilhar as experiências e sucessos que valham a pena. E, para isso, não precisa de ninguém para conduzi-lo.

Não comece com ressentimentos e exigências bobas. Por exemplo, se um amigo ou uma amiga o convidar para uma ópera, não diga que não gosta de ópera se nunca tiver ido a uma: procure dar uma chance ao tenor e à soprano. Experimente comidas novas, penteados ousados, cores diferentes na roupa, na maquiagem, na decoração da casa. Não desperdice as oportunidades de fazer contato com outras realidades. Porém, tente se controlar diante do sexo oposto: não imagine que pode namorar cada garoto ou garota que conhecer, pelo menos até que esteja um pouco mais forte. Nos lugares que frequentar, também não exiba aquela "cara de solidão" típica dos despeitados. Antes, a vida passava ao seu lado e você nem percebia; agora, tenta saborear cada estímulo que surge à sua frente, sem necessidade de companhia. Está aprendendo a se pôr à prova, a viver sem muletas afetivas.

Convide-se para jantar qualquer dia. Mande-se uma mensagem sedutora. Faça reserva no melhor restaurante da cidade. Vista uma roupa elegante, use o melhor perfume e vá ao seu encontro. Sente-se à mesa de cabeça erguida e sorria. Peça um vinho e escolha um bom prato. Eleja, de preferência, um sábado à noite, para provar que não precisa de um parceiro para se divertir. Observe-se sem pressa, deguste cada bocado, cada gole. Ignore os olhares dos outros clientes (alguns serão de admiração por sua "coragem" e outros de pena, pois você "não tem companhia"). Pense que está ali porque sentiu vontade e que, se tivesse um parceiro, mesmo que fosse o melhor do mundo, continuaria a fazer isso de vez em quando. Por que não? Talvez antes você não fosse nem ao cinema sem ele ou sem ela. Tudo era feito a quatro mãos e projetado para dois; no entanto, há situações que são apenas para um e nas quais o parceiro sobra.

Crescimento pós-traumático

Talvez você imagine que sou otimista demais e que não é tão fácil sair do impasse afetivo. Contudo, estudos mostram que, após uma perda, muitas pessoas "crescem" e desenvolvem seu potencial, em vez de se abaterem. Aprendem a conectar-se com suas emoções e expandem o autoconhecimento. Não digo que seja fácil, mas, apesar do seu sofrimento e do que você passou, o saldo pode ser positivo. Sua filosofia de vida e sua visão do mundo não serão mais os mesmos. Muitas vítimas de abandono, depois de um tempo, demonstram maior gratidão com os que estão à sua volta, mais segurança e uma melhora considerável nas relações interpessoais. Isso não é mágica, é puro crescimento. Durante anos, vi isso acontecer com muitos pacientes que passam de uma situação traumática para uma melhora que vai além do que esperavam. Essa melhora não se reduz à mera sobrevivência ou à capacidade de aguentar os baques: o trauma produz um salto qualitativo e leva as pessoas a um patamar mais alto do que aquele em que estavam antes. Elas se tornam melhores. Repito: nem tudo é cor-de-rosa, o negativo convive com o positivo até que o último ganhe a batalha.

Você perceberá seu progresso diante de si próprio, diante dos outros e diante de sua filosofia de vida. Cada pessoa define o ritmo e o modo de evoluir. O importante é estar consciente de que, por incrível que pareça, a situação "traumática" pode fortalecer seu "eu".

Diante de si próprio

Como sua percepção de si próprio mudará, você passará a se ver com outros olhos. Não haverá vitimização. Você será mais consciente de sua pessoa, mais seguro e corajoso. Portanto, vai se amar mais e fazer um pacto amistoso com a solidão. Embora seus neurônios e circuitos cerebrais o estimulem a pensar no ex, sua mente se tornará cada dia mais forte e não se deixará seduzir pelo passado. Essa capacidade fantástica chama-se resiliência afetiva. Há dois pensamentos-chave que reforçam sua autodeterminação: "Eu consigo viver sem você" e "A felicidade depende de mim, está em minhas mãos, e não nas suas". Grave essa mensagem em cada célula do seu corpo: *você não precisa do ex para se realizar como pessoa.* Há uma infinidade de mulheres e homens que, depois de algum tempo, descobrem que o ex-parceiro era um verdadeiro obstáculo para o desenvolvimento de seu potencial humano.

Diante dos outros

Suas relações interpessoais serão mais respeitáveis. Se antes você era uma pessoa que dizia "sim" a todo mundo, verá que a assertividade o ajudará bastante e que você conseguirá dizer "não" quando achar que uma situação não é justa ou fere seus direitos e princípios (pense quantas vezes disse "sim" ao ex quando na verdade queria dizer "não"). Não se curvará mais à vontade dos outros por medo do julgamento alheio. À medida que se libertar da dependência, sua autonomia aumentará. Você evitará relações tóxicas e vínculos em que o outro o manipula por mera necessidade de aprovação, quando o amor o atiçar irracionalmente. Não procurará companhia porque se sente sozinho, mas sim porque deseja, sem apego nem atitudes compensatórias. Saberá distinguir entre uma relação saudável e uma doentia, fugindo do jogo da dominação/submissão. Além disso, notará que os outros o respeitam. Deixará de lado a paranoia e a desconfiança porque se sentirá bem mais autossuficiente. E na vida profissional, familiar e social agirá com mais calma, honestidade e sinceridade. Não é o paraíso, nem uma utopia emocional: *isso é o normal em pessoas saudáveis que não se curvam a um amor doentio e dependente.*

Diante de sua filosofia de vida

Suas prioridades mudaram. Haverá uma reestruturação de seus valores, e muitas coisas que você julgava imutáveis vão adquirir novo sentido. Você será mais maleável. As perguntas existenciais sobre a morte, o sentido da vida, o sofrimento ou o futuro, entre outras, estarão na ordem do dia. Ao se libertar do ex-parceiro, você terá uma visão de mundo mais auspiciosa e racional. Reavaliará cada convicção e cada ponto de vista e criará um novo plano construtivo que lhe permita evoluir. Sua vida espiritual será mais intensa, muitas virtudes esquecidas virão à tona.

Você vai querer observar ou contemplar o mundo, e não apenas participar dele. Essas mudanças em sua filosofia de vida não ocorrerão como um milagre, mas sim porque, usando um termo de informática, você terá formatado grande parte da sua mente. A sensação será de voltar a nascer. Uma coisa é certa: ninguém, muito menos seu ex, poderá deter seu crescimento interior.

O perdão como liberação pessoal

Seu ex-companheiro ou ex-companheira pode lhe inspirar muitos sentimentos contraditórios: ressentimento, compaixão, amor, ódio, tristeza, decepção, entre outros. Às vezes, é difícil identificá-los em meio a tanta turbulência; contudo, se você prestar atenção, perceberá qual o incomoda mais. Uma paciente me dizia: "Uma coisa que nunca *perdoarei* naquele idiota é não ter sido capaz de me amar". Eu retruquei que o amor não é uma obrigação, mas ela não gostou. Em sua mente havia um princípio irracional e infantil de reciprocidade emocional: "Se eu o amo, você também deve me amar. Caso contrário, é uma pessoa má". Então tentei argumentar que, embora o ex tivesse o "direito de não amá-la", também tinha a obrigação ética de ser sincero e de mantê-la informada, o que não fez. Ela se sentia traída porque o homem assumira o papel perfeito do esposo que a amava, enquanto, interiormente, isso não acontecia. Ele não disse nada à mulher nem tentou prepará-la. A separação foi dolorosa, e ela alimentava uma raiva enorme, a ponto de não conseguir se relacionar com outras pessoas do sexo oposto. Só se recuperou quando foi capaz de perdoar o ex-marido (ou seja, livrar-se da reclusão causada pelo rancor que não a deixava viver).

Compreendeu que não merecia sofrer por alguém que a magoara tanto e desfez o ciclo do que "poderia ter sido e não foi" que a prendia ao passado.

O ressentimento é uma carga difícil de carregar porque ocupa muito espaço na mente e se alimenta das lembranças. Ou seja, se você não o curar, ele pode se alastrar. Além disso, provoca um isolamento emocional defensivo e, consequentemente, bloqueia a possibilidade de estabelecer relacionamentos amorosos estáveis e tranquilos. É como um espinho cravado no cérebro. Se você quer se livrar do seu ex e mandá-lo para o espaço com serenidade e sensatez, precisa ser capaz de perdoá-lo, o que não significa esquecê-lo, nem se humilhar, nem se justificar, mas sim recordá-lo sem sofrer. Lembre-se de que o ato de perdoar não acontece de repente, é uma decisão e, por isso, exige um procedimento prévio.

Embora eu não concorde com a vingança como estratégia de retaliação, li, certa vez, que a melhor maneira de se vingar do ex é ser feliz. Eu trocaria a palavra "vingar-se", aqui, por "desapegar-se", e diria: "A melhor maneira de *desapegar-se* do ex é ser feliz". É a mais pura verdade. Procure criar um espaço motivacional de prazer e satisfação que o faça sentir-se cada vez melhor, sem cultivar emoções destrutivas. Sem raiva, sem mortificação nem sentimentos nocivos: se o caminho para a paz interior é o perdão, recorra a ele. O ódio o mantém preso ao ex tanto quanto o amor. Deixe-o ir. Encare a perda sem ressentimentos. Depois de tudo, libere-se do peso daquilo que já foi para enfrentar com leveza o que virá. Reconstruir-se implica soltar-se daquilo que o prende a uma experiência ruim ou incompleta: às vezes, é a *esperança inútil*; outras, o *rancor*. Para vencer a primeira, existe o realismo cognitivo (como já mencionei anteriormente: ver as coisas como elas são), e, para enfrentar o ressentimento, existe o perdão. O conhecimento pessoal e a liberação emocional que o acompanha ocorrem quando conseguimos sepultar o ódio. A verdade é a seguinte: sempre é melhor perdoar do que tentar destruir o ex-parceiro. Você pode tirá-lo da cabeça e do coração sem usar violência física ou psicológica.

Em outras palavras, perdoar não é esquecer, é recordar sem raiva: é uma decisão. Tampouco implica abrir mão dos princípios e valores que o definem ou passar por cima de sua dignidade. Perdoar não é cruzar os braços e ver o parceiro ou a parceira tentando acabar com você; não é oferecer a outra face. Uma pessoa pode deixar de odiar o culpado, mas continuar querendo que ele seja punido. O perdão e a piedade não implicam abdicar daquilo que acreditamos justo, mas sim defendê-lo. Em outras palavras: perdoar alguém não o exime da justiça. Uma paciente minha, constantemente maltratada pelo marido, resolveu reagir e superar sua dependência emocional dizendo a ele em minha presença: "Eu o perdoo, mas vou deixá-lo". O homem não entendia e achava as palavras dela contraditórias, pois para ele o perdão significava esquecer tudo e começar de novo, "como se nada tivesse acontecido". E não é assim. A mensagem é clara e contundente: "Não sinto mais raiva, mas vá embora". Se quiséssemos nos alongar, poderíamos dizer, por exemplo:

> "Não o odiarei pelo que fez comigo. Não o detesto nem lhe desejo mal. Eu o perdoo em pleno uso de minhas faculdades mentais, mas isso não quer dizer que devemos continuar juntos. O que me levou a isso? O desamor, o autorrespeito e meus princípios. Tanto sofrimento e tanta humilhação me afastaram afetivamente de você. *Decidi não amar meu carrasco*. Perdoá-lo não é esquecer, é

limpar minha alma e minha mente do ressentimento. Desejo-lhe tudo de bom, mas não o quero ao meu lado nunca mais".

E adeus.

Alguns caminhos para chegar ao perdão

Há vários caminhos para conseguir perdoar as pessoas, particularmente o ex-parceiro (insisto: perdoar não significa voltar para ele ou para ela). Cada um escolhe seu caminho, cada um conhece sua dor. É claro que o perdão, assim como o amor, não pode ser obrigado nem exigido: *é uma decisão que ninguém impõe a ninguém*. A seguir, citarei os mais comuns.

- *O caminho da compaixão*

  Compartilhar o sofrimento não é perdoar, mas às vezes, ao vermos o infrator sofrer e se fechar em sua dor, o perdão começa a surgir, o coração se abranda e surge a empatia. Então a mente dá uma reviravolta: "Seu sofrimento me atinge". Em minha opinião, a compaixão prepara o caminho para dar o salto em direção ao perdão.

- *O caminho da compreensão*

  Esse é o preferido dos psicólogos clínicos. No entanto, existem muitas dúvidas a seu respeito. Perdoar é compreender? Não necessariamente. Se formos agredidos, poderemos procurar motivos e atenuantes e, mesmo assim, sentir ódio por quem cometeu a violência. O filósofo Jankélévitch afirmava que, além do conhecimento, precisamos de um impulso adicional, de uma energia suple-

mentar para que o perdão aconteça. De tanto remoer, de tanto se colocar no lugar do outro, às vezes o perdão desponta como uma bênção ou um alívio mais ou menos "compreensível". O fato de compreender e aceitar os motivos que levaram seu parceiro a atormentar sua vida não significa que deva justificá-lo. Certa vez, um paciente me disse: "Ela teve uma família desestruturada, maus exemplos. Também sofreu abandono e é muito insegura. Eu entendo tudo isso, mas nada justifica o mal que me causou. Hoje não consigo perdoá-la porque ainda sinto raiva. Talvez com o tempo, quando tudo se acalmar...".

- *O caminho do desgaste*

  Nos itens anteriores, o processo estava centralizado no parceiro: compadecer-se dele ou compreendê-lo. Neste caso, o caminho é mais autorreferencial. Há situações em que o desgaste causado pelo ressentimento é tão grande que a pessoa decide perdoar para sobreviver: "Esse ódio está me matando. Cansei de sofrer". Não existe amor, nem compaixão, nem compreensão, apenas um cansaço essencial que se volta contra si mesmo: odiar o ódio. O perdão aqui é um mecanismo de defesa, um recurso do "eu" em detrimento do "você". É um presente para você mesmo: "Eu o perdoo porque quero continuar vivendo em paz". E quem ofendeu nem deve ficar sabendo. Faça isso por você, por amor-próprio, para preservar a saúde e melhorar sua vida.

- *O caminho da comparação*

  É o recurso de se igualar com qualquer indivíduo: "Quem não tiver pecado, que atire a primeira pedra", disse Jesus. Se aceitarmos esse ensinamento, encontraremos outra porta para o perdão, que é a de se comparar com a pessoa que o magoa. Como posso odiar alguém que é igual a mim? Aqui o "eu" se envolve de outra maneira. O mecanismo de identificação com o agressor não parte do afeto, mas sim da razão: "Como não perdoá-lo se eu teria feito a mesma coisa?". Uma mulher, após refletir sobre a perda que sofrera, chegou à seguinte conclusão: "Ele não me ama mais. É muito doloroso para mim aceitar isso... E sequer tem outra... Simplesmente deixou de me amar... O que fazer? Isso também poderia ter acontecido comigo... Eu poderia ter deixado de amá-lo... E, pensando bem, foi o que aconteceu com meu primeiro namorado. Depois de cinco anos, fiquei vazia por dentro. Não tive má intenção, apenas acabou o amor... Nem tenho por que perdoá-lo, pois isso acontece com qualquer um... Não sinto a menor raiva dele, só tristeza...". Isso é inteligência emocional, mesmo sendo dolorosa, mas é inteligência, sem dúvida. Graças à atitude realista e ao perdão, ela conseguiu processar seu luto de forma adequada e sem complicações.

O CORAÇÃO NÃO SE APOSENTA

Não faça como aquelas pessoas que sofrem de "amorofobia" (medo de se apaixonar de novo) porque padeceram tanto que fogem diante da simples ideia de repetir a tortura que viveram com as perdas afetivas. Não faça como o gato que se sentou num fogão aceso e a partir desse dia nunca mais se sentou. Como expliquei antes, também não é o caso de sair desesperadamente em busca de um substituto. A melhor opção é a moderação afetiva: deixe a porta entreaberta. Se a pessoa que bater valer a pena, abra-a escancaradamente; se não, feche-a com cuidado para ninguém se machucar. O que você deve evitar é se trancar de modo definitivo. Não afaste a possibilidade de se apaixonar outra vez. Conheço inúmeros casos de pessoas cuja resistência é superada quase de imediato e a porta cai intempestivamente (nem sequer se abre) porque um ser inesperado acelera seus hormônios. Há quem diga: "Não esperava", "Eu me apaixonei como um adolescente", "Não imaginei que isso pudesse acontecer nessa idade" e por aí vai. Também conheço indivíduos que vão cedendo pouco a pouco às tentativas de um novo amor que se insinua lentamente, de modo tranquilo, como um bom vinho, e acaba virando uma paixão. Seja como for, uma paixão fulminante ou um amor sereno, seu coração pode, a qualquer momento, romper as barreiras impostas pelo medo. Portanto, não saia por aí alardeando que pendurou as chuteiras no amor, pois o mais provável é que se envolva outra vez.

O que fazer com o medo de fracassar novamente? As pessoas que conseguem enfrentar e superar uma perda afetiva adquirem o que eu chamo de "sabedoria do 'não'". Talvez nunca saibam o que querem exatamente ou o que esperam do amor, mas têm certeza do que não querem, do que não desejam repetir, do que abominam, do que nunca aceitariam, e isso serve como critério na hora dos ajustes. Se você souber exatamente aquilo que não está disposto a barganhar em uma nova relação ou aquilo que não lhe interessa, estará ciente do limite quando resolver terminar ou reequilibrar o vínculo.

Além de tudo, há mais um benefício: graças à "sabedoria do 'não'", você não criará mais falsas expectativas nem se apegará a uma esperança irracional e inútil.

Talvez a perda afetiva também tenha funcionado como uma vacina contra a "ilusão emocional irracional". O amor é fruto dos nossos atos: se não evoluir das palavras para a ação, não serve para nós, é puro blá-blá-blá. Como diz o ditado: "As atitudes falam mais alto que as palavras". Para ser realista, não é preciso se tornar frio e calculista, mas sim uma pessoa lúcida, prática e sensata. E o romantismo? Com certeza é uma opção, mas só com quem valer a pena. E desde que se mantenha consciente de seus princípios e de sua capacidade de avaliar a situação logo no início: você não será mais como uma vela que se move ao sabor do vento; terá um motor interno de última geração. Nem seu ex-parceiro nem o amor poderão sufocá-lo, se você não permitir.

Epílogo

O hábito de conviver com alguém, com seu corpo, seu cheiro, seus gestos e muitas outras coisas cria uma imagem do ser amado que se encaixa em nossa mente como algo essencial. O outro se torna imprescindível e não podemos imaginar a vida sem ele. Tudo isso – essa recorrência e a relação íntima com a pessoa amada – pode gerar uma dependência, se não soubermos lidar com a situação e nos apegarmos: "Não consigo viver sem você". Porém, nem sempre o idílio permanece incólume como queríamos; às vezes, a suposta estabilidade afetiva acaba. Seja qual for a razão, o relacionamento se torna difícil, insuportável ou impossível, e então, subitamente, nos deparamos com uma perda para a qual não estávamos preparados. Não sabemos o que fazer. Aquela pessoa que até ontem vivia ao nosso lado hoje não está mais presente. Como aceitar isso? Como prosseguir a vida sem ele ou sem ela? A realidade grita: "Já terminamos, tudo acabou", e o coração, teimoso, insiste: "Sinto que ele ainda me pertence, que eu lhe pertenço".

Se você chegou a esta parte do livro, provavelmente já entendeu que, quando é impossível manter a relação, a questão está em suas mãos: *você deve ir atrás da mudança.* É tarefa sua processar a perda e tirar o ex da cabeça e do coração. Existem diversas técnicas, sugestões, conselhos, exercícios, antídotos e estratégias que, se forem postos em prática por você a serviço de um realismo inteligente e saudável, se transformarão em armas poderosas para enfrentar o luto amoroso de modo satisfatório. Desapegue-se, siga em frente de cabeça erguida e reinvente sua capacidade de amar. Assim se tornará um sobrevivente do amor, com a sabedoria que isso implica. Dizem que o coração às vezes "se parte", que alguém "rasgou" nosso coração, mas a experiência me mostra que ele só se machuca, não se rompe, não se aposenta e pode até se reestruturar melhor com uma força extraordinária.

Em situações de crise, passamos a nos conhecer de maneira mais profunda e honesta. Embora seu ex não esteja mais a seu lado, você continua caminhando, mais consciente do que nunca. Quando, em outros livros, afirmei: "Você não merece alguém que não o ame ou que o magoe", quis dizer que, mesmo diante da pior perda afetiva ou do mais puro desamor, podemos nos curar resgatando a dignidade pessoal e o autorrespeito. Acredite, estas não são palavras tolas para consolar ninguém: a maioria das pessoas que estão apegadas ao ex ou a um amor impossível consegue se recuperar definitivamente.

Leia este guia quantas vezes quiser. Mantenha-o à mão. Se em algum momento sentir que tudo está perdido e que está sofrendo, recorra a ele. Lembre-se de que, nesse caso, esquecer não é ter amnésia, é "esvaziar de conteúdo emocional" a lembrança de quem esteve ao seu lado. Sem ódio, sem mágoas, até com um afeto positivo (quando o histórico da relação o permitir), mas sem a necessidade e a angústia de querer "possuir" de novo a pessoa que não está mais presente. Se você parar de olhar para trás, descobrirá que à sua frente há um mundo de possibilidades, um crescimento que lhe permitirá desenvolver todas as suas potencialidades. Você será livre, "afetivamente livre". Bem-vindo ou bem-vinda à nova vida.

BIBLIOGRAFIA

ALTMAIER, E.M.; HANSEN, J. *The Oxford handbook of counseling psychology*. Nova York: Oxford University Press, 2012.

CLARK, D.M.; EBLERS, A. Posttraumarit stress disorder: From cognitive theory to therapy. *In:* LEAHY, R L. *Contemporary cognitive therapy*. Nova York: The Guilford Press, 2004.

CLARK, D.A.; BECK, A.T. *Terapia cognitiva para os transtornos de ansiedade*. São Paulo: Artmed, 2016.

DIMINICH, E.D.; BONANNO, G.A. Faces, feelings, words: divergence across channels of emotional responding in complicated grief. *Journal of Abnormal Psychology*, n. 123, p. 350-361, 2014.

DOBSON, K.S. *Handbook of cognitive behavioral therapy*. Nova York: The Guilford Press, 2010.

FRIED, E.; BOCKTING, C.; ARJADI, R.; BORSBOOM, D.; AMSHOFF, M.; CRAMER, A.O.; EPSKAMP, S.; TUERLINCKX, F.; CARR, D.; STROEBE, M. From loss to loneliness: the relationship between bereavement and depressive symptoms. *Journal of Abnormal Psychology*, n. 124, p. 256-265, 2015.

KAZANTZIS, N.; REINECKE, M.A.; FREEMAN, A. *Cognitive and behavioral theories in clinical practice*. Nova York: The Guilford Press, 2010.

KÜBLER-ROSS, E. *Sobre a morte e o morrer*. São Paulo, Martins Fontes, 2017.

NEIMEYER, R.A. *Aprender de la pérdida*. Barcelona: Booket, 2007.

LAZARUS, R.S. *Stress and emotion*. Nova York: Springer Publishing Company, Inc., 2000.

PRIGERSON, H.G.L.; VANDERWERKER, L.V.; MACIEJEWSKI, P.K. Complicated grief as a mental disorder: inclusion in DSM. In: STROBE, M.; HANSSON, R.; SCHUT, H.; STROEBE, W. (org.), *Handbook of bereavement research and practice: 21th century perspective.* Washington: American Psychological Association Press, 2008.

PUIGARNAU, A.P. *Las tareas del duelo.* Barcelona: Paidós, 2011.

RISO, W. *Se fa male non vale.* Milão: Edizione Piemme, 2013.

SCHACTER, D.L. *Os sete pecados da memória.* Rio de Janeiro: Editora Rocco, 2003.

SHAH, S.M.; CAREY, I.M.; HARRIS, T.; DEWILDE. S.; VICTOR, C.R.; COOK, D.G. The effect of unexpected bereavement on mortality in older couples. *American Journal of Public Health,* n. 103, p. 1140-1145, 2013.

TEDESCHI, R.G.; GALHOUN, L.G. *Handbook of posttraumatic growth.* Mawhaw, NJ: Lawrence Erlbaum Associates, 2006.

VASQUEZ, C.; HERVÁS, G. *Psicología positiva aplicada.* Bilbao: DDB, 2008.

WORDEN, W.J. (2009). *El tratamiento del duelo: asesoramiento psicológico y terapia.* Barcelona: Paidós, 2009.

lepmeditores
www.lpm.com.br
o site que conta tudo

IMPRESSÃO:

PALLOTTI
GRÁFICA

Santa Maria - RS | Fone: (55) 3220.4500
www.graficapallotti.com.br